GUIA DO
MERCADO DE CAPITAIS

Humberto Casagrande
Lucy Sousa
Maria Cecilia Rossi

GUIA DO
MERCADO DE CAPITAIS

2ª edição revista e atualizada

Lazuli editora
Companhia Editora Nacional

GUIA DO
MERCADO DE CAPITAIS

HUMBERTO CASAGRANDE
LUCY SOUSA
MARIA CECILIA ROSSI

Diretor editorial: Miguel de Almeida
Assistente editorial: Luciana Miranda Penna
Projeto gráfico e capa: Werner Schulz
Editoração: Eduardo Burato
Revisão: Elaine Ferrari
Adriana Ribas

Dados Internacionais de Catalogação na Publicação (CIP)
(Câmara Brasileira do Livro, SP, Brasil)

Casagrande, Humberto
Guia do mercado de capitais / Humberto Casagrande, Lucy Sousa, Maria Cecilia Rossi. -- 2. ed. rev. -- São Paulo : Lazuli Editora, 2006.

Bibliografia.

1. Investimentos de capital - Brasil 2. Mercado de capitais - Brasil I. Sousa, Lucy. II. Rossi, Maria Cecilia. III. Título.

06-5312 CDD-332.60981

Índices para catálogo sistemático:
1. Brasil : Mercado de capitais e investimentos : Economia 332.60981

2ª edição - São Paulo 2006

ISBN - 85-89052-17-6

Tel.: (11) 3819-6077
comercial@lazuli.com.br
www.lazuli.com.br

SUMÁRIO

APRESENTAÇÃO

Caro leitor,

Este livro se propõe a desmistificar nosso mercado de capitais e torná-lo acessível a todos. A primeira edição fez parte da série Apimec e foi desenvolvida no contexto do Plano Diretor para o Mercado de Capitais — elaborado em 2002 e atualizado em 2004 —, o qual propõe o revigoramento do mercado de capitais brasileiro, de forma a contribuir para a sustentabilidade do crescimento econômico e da maior competitividade internacional.

Mas, afinal, como podemos definir o mercado de capitais? Mercado de capitais é a forma pela qual empresas captam recursos diretamente dos investidores para financiar suas operações de médio e longo prazos. As captações de recursos são feitas através do lançamento de títulos e valores mobiliários, adquiridos por investidores que acumularam poupanças financeiras. Os bancos, corretoras e distribuidoras são os principais distribuidores dessas operações.

Este livro está dividido em duas partes: *O Mercado de Capitais na Visão das Empresas* e *O Mercado de Capitais na Visão dos Investidores*. Cada parte, composta de vários capítulos, possui informações direcionadas, respectivamente, aos administradores ou proprietários de empresas que vislumbram a possibilidade de inserir suas companhias no mercado de capitais e aos investidores que queiram ampliar seu leque de investimentos pessoais por meio da aplicação de seu dinheiro no mercado de capitais.

Essa subdivisão busca focar o interesse específico do leitor; entretanto, recomendamos a leitura das duas partes, uma vez que cada uma completa e enriquece a outra.

Ao final do livro, apresentamos uma síntese da legislação do mercado de capitais, um glossário com todas as palavras ou expressões marcadas com asterisco (*) ao longo do texto e as referências bibliográficas.

Desejamos uma proveitosa leitura, com o esclarecimento de muitas de suas dúvidas e curiosidades!

PARTE 1

O MERCADO DE CAPITAIS NA VISÃO DAS EMPRESAS

CAPÍTULO 1

FINANÇAS EMPRESARIAIS: COMO É A VIDA FINANCEIRA DE UMA EMPRESA

SUMÁRIO: Este capítulo tem por objetivo fazer uma ligação entre o ciclo financeiro das empresas e a possibilidade de financiamento por meio do mercado de capitais, destacando-se as razões e os custos desse processo.

AS ATIVIDADES DAS EMPRESAS E A NECESSIDADE DE FINANCIAMENTO

Para compreender o funcionamento do mercado financeiro, é necessária a introdução dos conceitos econômicos de renda, poupança e investimento.

a) Renda: corresponde à remuneração dos fatores de produção. Por exemplo, o trabalho é remunerado pelo salário, e o capital, pelos lucros e juros. A renda anual agregada de todos os fatores corresponde ao produto interno bruto (PIB) anual.

b) Poupança: é a parcela da renda não consumida. A taxa de poupança de um país depende do nível e distribuição da renda e de fatores históricos e culturais.

c) Investimento: em termos macroeconômicos, significa aumento da capacidade produtiva e da infra-estrutura.

As unidades poupadoras (famílias e empresas) fazem aplicações financeiras. Os recursos são aplicados por meio de instituições do sistema financeiro nacional (SFN).

Por sua vez, o SFN repassa essas aplicações financeiras para as unidades deficitárias, para que estas possam consumir mais do que ganham (crédito ao consumidor), ampliar o capital de giro, reestruturar suas finanças e realizar investimentos (no caso das empresas), ou, ainda, para que possam financiar déficits orçamentários (setor público). Registre-se que, no Brasil, o setor público tem capturado boa parte da poupança financeira, resultando no crescimento desmesurado da dívida pública, na rigidez da taxa de juros e na escassez de recursos para o setor privado.

Especificamente com relação ao ciclo financeiro das empresas, tem-se o seguinte esquema:

1. as empresas oferecem produtos ou serviços no mercado;
2. dependendo de sua atividade, as empresas fazem investimento inicial em instalações físicas, como fábrica (prédio e máquinas), fazenda, agência e/ou escritório;
3. em seu ciclo produtivo, adquirem matérias-primas e contratam trabalhadores e serviços de terceiros. Os recursos utilizados nesses gastos operacionais são chamados de capital de giro;
4. uma vez concluída a produção ou o serviço, ocorre a venda, também chamada de receita operacional;
5. a receita operacional menos todos os gastos operacionais, os juros e outros gastos eventuais é o lucro da empresa, sobre o qual incide o imposto de renda;
6. parte do lucro líquido é distribuída aos acionistas/cotistas da empresa e parte é reinvestida;
7. se a empresa não der lucro no exercício, apurará prejuízo, que fica registrado no balanço, para ser compensado com lucros futuros.

As fontes externas de recursos são supridas pelo SFN, que capta os recursos das unidades poupadoras. Uma parte vem sob a forma de empréstimos à empresa e lançamento de títulos de dívida, outra parte vem sob a forma de aumento do capital da companhia, ou seja, a venda de um novo lote de ações. Nesse caso, os controladores iniciais da companhia admitem novos sócios. Se a venda das novas ações for feita ao público em geral, cumpridas as formalidades legais, a empresa passa a ser uma companhia aberta.

O SFN está esquematicamente dividido em mercado monetário, de crédito, de câmbio e de capitais, como pode ser visto no quadro 1.1. O financiamento das empresas vem basicamente dos segmentos de crédito e de

Fontes de financiamento das empresas

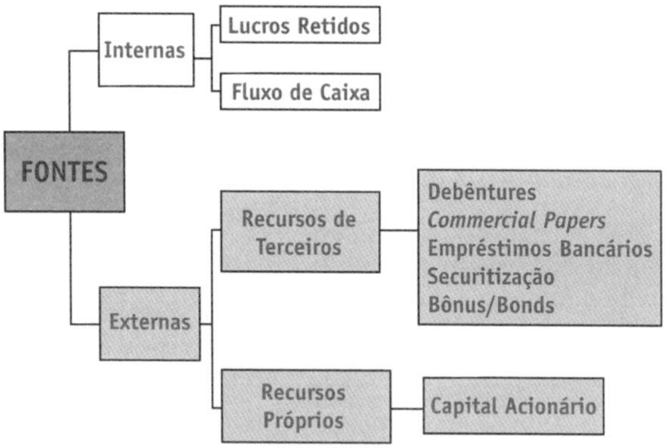

Figura 1.1

capitais. No caso de captações de recursos internacionais, a empresa também realiza uma negociação no mercado de câmbio.

O mercado de capitais é o segmento do mercado financeiro mais adequado, em termos de prazos e custos, a financiar o investimento empresarial. Nos países desenvolvidos, essa função tem sido cumprida. Já em países em desenvolvimento, como o Brasil, o mercado de capitais está em desenvolvimento, embora já tenha uma longa história.

Segmentação do mercado financeiro

Segmentos	Prazos	Finalidade	Principais Intermediários
Monetário	Curto	Controle de liquidez monetária da Economia, suprimentos momentâneos de caixa	Banco Central, Bancos comerciais e múltiplos
Crédito	Curto, médio e longo	Financiamento do consumo, imóveis e capital de giro das empresas	Bancos comerciais e múltiplos e financeiras
Capitais	Médio, longo e indeterminado	Financiamento de capital fixo,transferência de propriedade, reestruturação de passivos e operações especiais	Bancos múltiplos e de investimento, bolsas,corretoras e distribuidoras
Câmbio	A vista e curto	Transformação de valores, em moedas estrangeiras e nacional	Bancos comerciais e múltiplos e corretoras de câmbio

Quadro 1.1.

O mercado de capitais é caracterizado pela "desintermediação bancária", no sentido de que os bancos não assumem diretamente riscos, mas atuam preferencialmente como distribuidores de títulos e valores mobiliários, administradores de recursos de terceiros e especialistas na montagem de operações especiais, recebendo comissões e taxas pelos serviços prestados. Dessa maneira, o custo da intermediação é reduzido, na medida em que não há o *spread* bancário, que corresponde à diferença paga entre os juros cobrados nos empréstimos bancários e os juros pagos aos aplicadores pelos bancos.

A Figura 1.2 apresenta um esquema dos fluxos macroeconômicos referentes às captações das poupanças dos diferentes agentes econômicos e a aplicação destas por meio dos intermediários financeiros que operam no segmento do mercado de capitais. No lado esquerdo da figura, estão os poupadores, a saber: as pessoas físicas ou jurídicas não financeiras, diretamente ou por meio dos investidores institucionais (fundos de investimento, previdência e capitalização), as carteiras próprias das instituições

FLUXO MACROECONÔMICO DO MERCADO DE CAPITAIS BRASILEIRO 2006

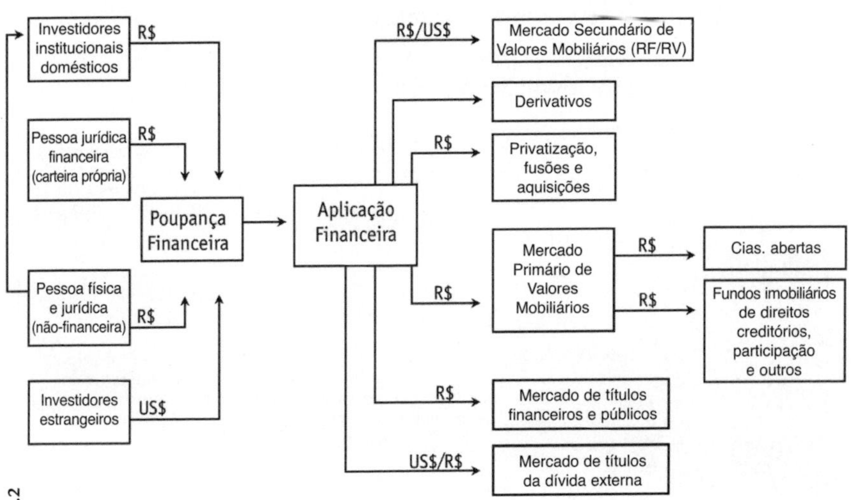

FIGURA 1.2

financeiras e os investidores estrangeiros. Esses poupadores fazem aplicações financeiras por meio de intermediário financeiro (IF). As aplicações podem ser feitas em vários produtos, como: títulos e valores mobiliários de companhias não financeiras, ativos de privatização (ações das estatais), títulos de instituições financeiras, títulos públicos e títulos da dívida externa. Vale ressaltar que o mercado primário desses produtos corresponde a novas emissões, que trazem recursos para o caixa da emissora. No caso do mercado secundário, trata-se de transferência de propriedade entre aplicadores.

Razões de entrar no mercado de capitais

No mercado de capitais são negociados participações societárias (ações), títulos de dívida corporativa (debêntures e notas promissórias), cotas de fundos de investimento e derivativos*, todos considerados valores mobiliários. Quando uma empresa entra nesse mercado para se financiar, está

Perfil da operação de abertura de capital

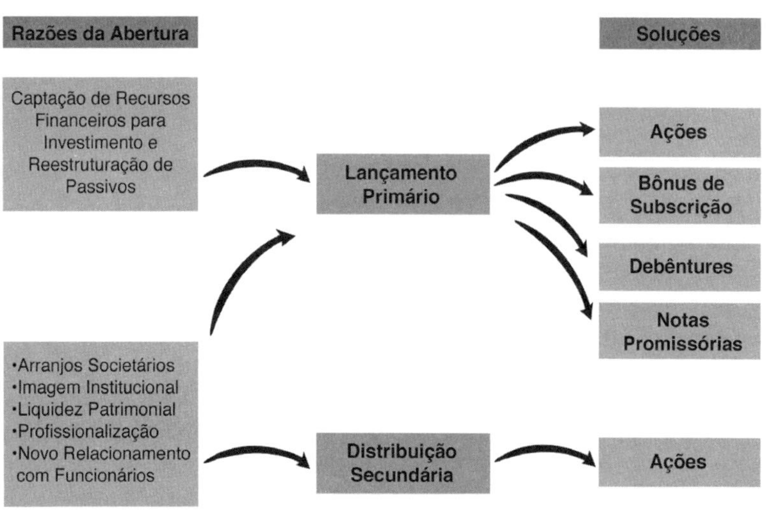

Figura 1.3

atuando como emissora de valores mobiliários no mercado primário, configurando-se a distribuição primária e a abertura de capital da companhia. Essa abertura, contudo, também pode se dar pela colocação de um lote relevante de ações detido por acionista, o que é chamado de distribuição secundária, e nesse caso os recursos vão para o acionista que vendeu o lote.

Várias são as razões que levam uma empresa a abrir o capital. A Figura 1.3 (página anterior) apresenta as razões mais relevantes, que serão detalhadas a seguir.

Captação de recursos para investimento e reestruturação de passivos

Como já foi comentado, a empresa defronta-se periodicamente com questões relativas ao financiamento de seus investimentos ou à reestruturação de seus passivos financeiros. A captação de recursos pelo lançamento de valores mobiliários é uma alternativa aos financiamentos bancários, abrindo para a companhia um amplo espectro de investidores potenciais, tanto no Brasil quanto no exterior, destacando-se os fundos de investimento, os fundos de previdência complementar, sociedades de capitalização e seguradoras, chamados de investidores institucionais. Tratando-se especificamente da emissão de ações, esta representa uma interessante opção diante das modalidades de recursos que implicam pagamento de juros, cujo comportamento decorrente da política monetária foge ao controle da companhia. Em contrapartida, a empresa passará a distribuir regularmente parte de seus lucros aos novos acionistas.

O mercado é bastante receptivo à compra de ações cujos recursos serão destinados a novos investimentos, já que estes sinalizam expansão das atividades empresariais. No entanto, operações de reestruturação financeira adequadamente organizadas e que apontem para a superação de obstáculos ao crescimento da empresa são, também, bem aceitas.

A decisão de abertura do capital de uma empresa não deve estar associada, exclusivamente, a uma necessidade imediata de captação de recursos; deve antes ser uma opção estratégica por tomar o mercado como parceiro permanente, arcando com as responsabilidades decorrentes. Quando o planejamento empresarial indicar uma futura necessidade a médio prazo, os dirigentes ou acionistas podem promover distribuições primárias ou secundárias de pequeno porte, de forma a preparar a empresa e o mercado para uma posterior operação maior.

É importante ressaltar que a captação de recursos pelo mercado de capitais não é uma operação isenta de custos. Estes se referem à distribuição dos novos títulos e às maiores exigências legais, decorrentes da manutenção da condição de companhia aberta e listada em bolsa.

Arranjos societários

A solução de questões relativas à reestruturação societária, decorrentes de estratégia empresarial, partilha de heranças, processo sucessório e saída de algum dos principais acionistas, pode ser equacionada por meio de uma abertura de capital.

Os especialistas em assuntos societários têm condições de apresentar diversas alternativas a esse assunto, dentro de parâmetros desejados de independência gerencial e eficiência fiscal. Também estão capacitados a propor aos acionistas-controladores opções que implicam maior ou menor grau de diluição do controle das diversas empresas do grupo.

Imagem institucional

Uma companhia aberta listada em bolsa de valores tem diferencial competitivo e registra melhoria de imagem institucional perante a comunidade dos investidores, parceiros comerciais e financeiros e imprensa especializada. As exigidas transparência e boa governança corporativa* facilitam negócios e, em última instância, atraem o investidor. O reconhecimento da companhia tende a ultrapassar sua esfera de negócios, ganhando espaços mais amplos, setoriais, sociais, regionais ou internacionais.

Cabe destacar que a empresa aberta se adapta perfeitamente às demandas da sociedade moderna, que priorizam a democracia, a transparência e a agilidade no intercâmbio de informações, além de integração internacional.

Liquidez* patrimonial

Com a abertura de capital da companhia e a listagem em bolsa, os acionistas-controladores aumentam a liquidez de seu patrimônio. Este, por sua vez, tende a se valorizar ao longo do tempo pelo crescimento da quantidade de investidores potenciais, notadamente os investidores institucionais, nacionais e estrangeiros.

Profissionalização

A abertura de capital desencadeia a aceleração da profissionalização da empresa, atingindo os dirigentes e os demais empregados. Em princípio, o processo é conseqüência da regulamentação das companhias abertas, que exige o conselho de administração (CA) e o conselho fiscal (CF), com a possibilidade de ser eleitos conselheiros representantes dos novos acionistas, e a criação do cargo de diretor de relações com investidores, o profissional responsável por prestar informações à Comissão de Valores Mobiliários (CVM), ao público investidor, ao mercado de balcão organizado e às bolsas. Posteriormente, também, concorrem para a profissionalização as demandas da própria comunidade financeira.

A administração profissionalizada é uma das características buscadas pelo investidor. Isso não significa vetar a direção executiva aos acionistas majoritários, mas sim a necessidade de inserção de profissionais não controladores em cargos de direção, dissociando a ocupação de cargo executivo do controle da companhia.

Novo relacionamento com os funcionários

Um programa de reestruturação organizacional, objetivando estimular a produtividade e a participação de executivos e demais empregados, pode utilizar como ferramenta a oferta de ações da empresa. Esse procedimento é freqüente no mercado internacional e começou a ser utilizado no mercado brasileiro, notadamente no processo de privatização. O processo é mais eficaz quando se trata de uma companhia aberta e listada em bolsa, pois o funcionário acionista pode acompanhar a evolução de seu investimento, que passa a ter liquidez no mercado.

CAPÍTULO 2

O QUE É UMA COMPANHIA ABERTA

SUMÁRIO: O capítulo apresenta as características da companhia aberta e dos valores mobiliários, bem como a regulamentação vigente e o órgão regulador e fiscalizador.

REGULAMENTAÇÃO DO MERCADO DE CAPITAIS E DAS SOCIEDADES ANÔNIMAS

As sociedades anônimas podem ser fechadas ou abertas. Neste último caso, se trata de companhias que têm seus valores mobiliários distribuídos publicamente e negociados em bolsa de valores ou mercado de balcão.

A regulamentação das sociedades anônimas inicia-se no século 19, seguindo a tradição européia. Posteriormente, ela acompanhou as transformações mais gerais ocorridas no mercado de capitais brasileiro, que se desenvolveu na segunda metade do século 20, inspirado no modelo norte-americano.

A história do mercado de capitais brasileiro a partir da década de 1960 pode ser dividida em três fases: a primeira corresponde ao período de 1964-73, em que houve a montagem de arcabouço institucional, a partir da reforma monetário-financeira, que criou o Banco Central do Brasil (BCB) e o Conselho Monetário Nacional (CMN) e introduziu a Lei do Mercado de Capitais. A segunda fase, período de 1974-89, corresponde ao aperfeiçoamento da regulamentação, com a Lei nº 6.404/76 (Lei das S.A.), a criação da Comissão de Valores Mobiliários (CVM) e a introdução de diversas inovações financeiras. Finalmente, a terceira fase, a partir de 1990, corresponde a abertura financeira, ao crescimento dos investidores institucionais, a privatização de companhias abertas, a concentração e a reestruturação do sistema financeiro e a revisão da regulamentação, no sentido de sua convergência para padrões internacionais.

A regulamentação atual do mercado de capitais está estruturada em quatro níveis:

1. a Constituição de 1988 e leis complementares;
2. as leis específicas para o mercado financeiro e de capitais;
3. os atos regulatórios e de fiscalização dos órgãos reguladores, a saber, CMN, BCB, CVM, Receita Federal, Secretaria de Previdência Complementar (SPC) e Superintendência de Seguros Privados (Susep);
4. a auto-regulação das instituições do mercado.

Quanto às leis específicas referentes ao mercado financeiro e de capitais (Figura 2.1), até que seja implantada nova estrutura decorrente da regulamentação do artigo 192 da Constituição, o SFN permanece regulado e estruturado pela Lei nº 4.595/64, sendo o mercado de capitais disciplinado

Regulamentação do mercado de capitais de acordo com os agentes do mercado

Figura 2.1

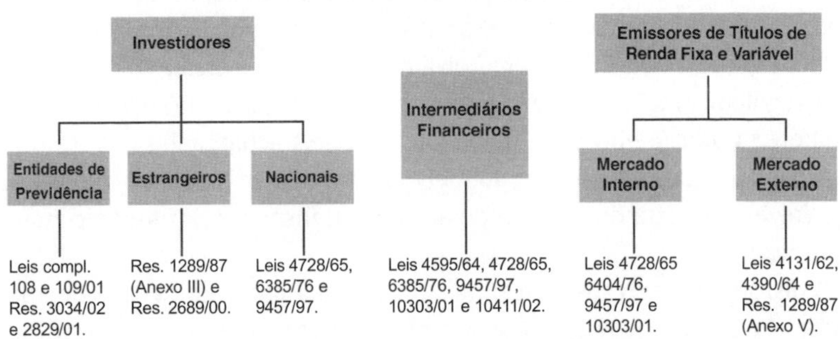

especificamente pelas Leis nºs 4.728/65, 6.385/76 e 6.404/76. Essas leis e outras referentes ao assunto, bem como algumas resoluções do CMN, podem ser agrupadas de acordo com os agentes do mercado envolvidos:

A Lei das S.A. (nº 6.404/76) e a da CVM (nº 6.385/76) passaram por duas reformas na fase recente, resultando em maior proteção ao acionista não

QUADRO 2.1. PRINCIPAIS ALTERAÇÕES DA LEI Nº 10.303/01 (REFORMA DA LEI DAS S.A.)

TEMA	SITUAÇÃO ANTERIOR	NOVA DISPOSIÇÃO
Classificação de companhias abertas (artigo 4º, § 3º).	A lei não dispunha sobre o assunto.	A CVM poderá classificar as companhias abertas por categorias, especificando normas aplicáveis a cada categoria.
Fechamento de capital (artigos 4º e 4º-A).	A empresa estabelece o preço da oferta.	Critério do preço justo, sendo que os minoritários representativos de 10% do *free float* podem contestar o preço ofertado e contratar nova avaliação. Caso esta resulte em preço inferior ao ofertado pela empresa, os minoritários devem arcar com os custos da nova avaliação.
Relações ordinárias / preferenciais (artigo 15).	Limite de até 2/3 do capital em ações preferenciais.	Empresas que estão abrindo o capital deverão ter no mínimo 50% em ações ordinárias.
Preferências ou vantagens das ações preferenciais (artigo 17).	10% a mais de dividendos do que as ações ordinárias.	Somente será admitida a negociação no mercado de valores mobiliários se a ela for atribuída pelo menos uma das seguintes preferências ou vantagens: I – prioridade de dividendo correspondente a no mínimo 3% do patrimônio líquido da ação; II – dividendo 10% a maior do que o atribuído a cada ação ordinária; III – *tag along** como às ordinárias (artigo 254-A).
Alteração nas posições acionárias dos controladores e administradores (artigo 116-A).	A lei não dispunha sobre o assunto.	Acionistas controladores e grupos que elegem membros dos conselhos de administração e fiscal deverão avisar imediatamente a CVM sobre mudanças nas posições acionárias detidas da companhia.
Prazo para convocação de assembléia geral (artigo 124).	Com antecedência mínima de oito dias, na primeira convocação, e cinco na segunda.	Nas companhias abertas, com antecedência mínima de 15 dias na primeira convocação, e oito na segunda.
Direito de recesso na cisão (artigo 137).	A lei não dispunha sobre o assunto.	Haverá direito de retirada se a cisão implicar mudança de objeto social, redução do dividendo obrigatório ou participação em grupo de sociedades.
Eleição do conselho de administração (artigo 141).	Eleito pela assembléia, por maioria dos votos ordinários.	A partir de 2006, minoritários com 15% do capital votante (CV) podem eleger um representante e preferencialistas com 10% do capital total (CT) outro membro.
Tag along para ordinárias (artigo 254-A).	Minoritários* não tinham direito.	Minoritários passam a ter o direito de receber 80% do preço da transferência de controle, ou um prêmio de permanência, correspondente à diferença entre o preço de alienação e o de mercado.

controlador e em maior autonomia do órgão regulador. O Quadro 2.1 (página anterior) apresenta um resumo das últimas alterações promovidas na lei societária, por meio da Lei nº 10.303/01.

Valores mobiliários

De acordo com a regulamentação em vigor, são considerados valores mobiliários:

VALORES MOBILIÁRIOS

- **Ações**: Títulos nominativos, negociáveis, representativos de propriedade de uma fração do total do capital social de uma sociedade por ações (1).
- **Bônus de Subscrição**: Títulos nominativos, negociáveis, que conferem ao seu proprietário o direito de subescrever ações da companhia emissora, nas condições previamente definidas.
- **Debêntures**: Títulos nominativos, negociáveis, representativos de dívida de médio/longo prazos contraída pela companhia junto ao debenturista (2).
- **Notas Promissórias para distribuição pública**: Títulos nominativos, negociáveis, representativos de direito de crédito de curto prazo contra o emitente.
- **Outros**: Contratos de Investimento Coletivo ofertados publicamente (3), *BDRs* (4) e Quotas de Fundos de Investimento e Derivativos.

Figura 2.2

As observações feitas na Figura 2.2, relativas às características dos valores mobiliários, são as seguintes:

(1) As ações rendem ao acionista dividendos, juros sobre o capital próprio e bonificações, podendo ser:

• ordinárias – quando têm direito a voto nas assembléias deliberativas;

• preferenciais – sem direito a voto ou com voto restrito, sendo o limite legal de emissão para as novas companhias de no máximo 50% do total das ações emitidas;

As ações preferenciais têm preferência na distribuição de resultados ou no reembolso do capital, e, para ser distribuídas publicamente, devem pagar dividendo prioritário mínimo de 3% sobre o patrimônio líquido (PL) ou 10% a mais de dividendos, ou ainda direito de *tag along* * igual ao das ações ordinárias.

(2) As debêntures rendem juros, prêmios e outros rendimentos fixos ou variáveis e podem ter garantia (real, flutuante ou subordinada), sendo todas as características definidas em escritura. As debêntures podem ser conversíveis em ações.

A seguir, encontra-se um quadro-resumo sobre as possibilidades de remuneração e correção das debêntures.

Remuneração e correção das debêntures de distribuição pública

Remuneração e/ou correção	Condições
Taxa de juros prefixada	–
Taxa referencial (TR) ou Taxa de juros de longo prazo (TJLP)	Prazo mínimo de um mês para vencimento ou repactuação.
Taxa básica financeira (TBF)	Prazo mínimo de dois meses para vencimento ou repactuação; apenas para as sociedades de arrendamento mercantil e companhias hipotecárias.
Taxas flutuantes	Taxas baseadas em operações contratadas a taxas de mercado prefixadas.
Taxa de juros fixa + indexador: • coeficiente fixado para correção de títulos da dívida pública federal; • variação da taxa cambial; • índice de preços	No caso da utilização de índice de preços para a correção monetária, prazo mínimo de um ano para vencimento ou repactuação.
Prêmio	Não pode ter como base índices de preços, TR, TBF, TJLP, variação cambial ou qualquer outro referencial baseado em taxas de juros.

Quadro 2.2.

(3) Os contratos de investimento coletivo geram direito de participação, parceria ou remuneração, inclusive resultante da prestação de serviços.

(4) BDRs (*brazilian depositary receipts*) são recibos representativos de valores mobiliários emitidos por companhias abertas ou assemelhadas, sediadas no exterior, negociados no mercado brasileiro.

CAPÍTULO 3

COMO EMITIR VALORES MOBILIÁRIOS

SUMÁRIO: O capítulo apresenta os procedimentos da abertura de capital por meio da emissão de ações e títulos de dívida, além de discutir a securitização de recebíveis.

PROCESSO DE ABERTURA DO CAPITAL

A abertura de capital de uma empresa e a subseqüente distribuição de valores mobiliários seguem o disposto na lei societária e nas instruções da CVM. Uma vez identificadas as razões para a abertura, faz-se necessária a adoção de preparativos preliminares, tais como a contratação de auditoria externa, adequação dos estatutos sociais e reordenamento do quadro societário ou estrutura do grupo. Nessa fase, é recomendável que a empresa conte com a ajuda de especialistas do mercado de capitais.

Realizada essa fase preliminar, a companhia deverá contratar instituição financeira que coordenará a operação, desde a modelagem até a colocação final dos valores mobiliários.

A Figura 3.1 ilustra as opções e características da modelagem de um lançamento de ações.

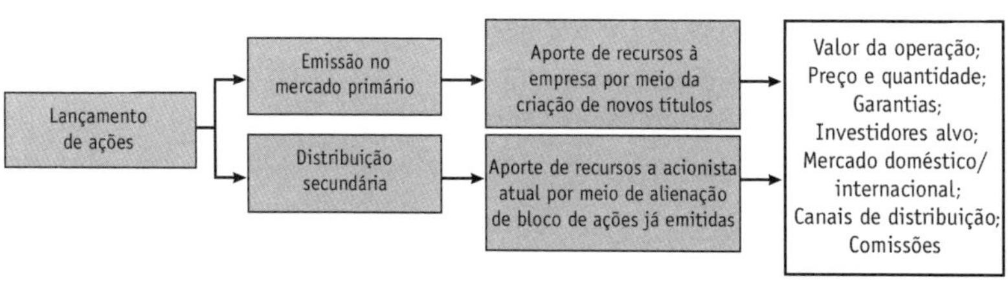

FIGURA 3.1

Emissão de ações – cronograma básico

Uma ação é uma parcela única e indivisível do capital social da companhia, que, por sua vez, representa o dinheiro que os acionistas nela investiram para que pudesse iniciar suas atividades[1]. O dinheiro que contabilmente representa o capital social, em geral, é utilizado para adquirir imóveis, veículos, material de escritório, as primeiras matérias-primas ou mercadorias (no caso de empresas industriais ou comerciais) etc. Como esses gastos são altos, os fundadores da empresa têm duas alternativas: ou arcam sozinhos com esses custos ou convidam outros acionistas para participar da empresa. A parcela de recursos que cada acionista investiu será, proporcionalmente, representada por ações.

As ações são também conhecidas como "obrigação não exigível" ou como "capital próprio." Essas expressões ilustram uma característica básica das ações, que é o fato de seu valor não poder ser exigido de volta da empresa por seus acionistas. Exceto em casos específicos previstos na legislação societária, se um acionista quiser retirar-se da sociedade, ele só poderá fazê-lo revendendo suas ações a outros investidores que estejam interessados em se tornar acionistas da companhia.

Tratando-se de um lançamento de ações, o cronograma básico, por etapas, seria o do Quadro 3.1. Ressalte-se que o processo só avança com sucesso se obtiver registro(s) na CVM, conforme disposto na Instrução CVM 400/03.

O processo começa pela decisão de transformar a sociedade em uma companhia aberta, através da distribuição de valores mobiliários. Em seguida, com a obrigatória participação do um intermediário financeiro, a operação é montada e são solicitados os devidos registros na CVM e, se for o caso, na bolsa de valores.

Uma importante etapa é a definição do preço do valor mobiliário a ser distribuído. Nesse momento, os investidores podem ser consultados, num procedimento de coleta de intenções de investimento, conhecido por *bookbuilding*.

1. Quando a sociedade é organizada na forma jurídica de sociedade por cotas de responsabilidade limitada, a empresa é constituída por sócios, não acionistas. Este livro irá sempre tratar das sociedades anônimas (ou companhias), constituídas por acionistas, por ser elas as que têm acesso direto ao mercado de capitais.

Quadro 3.1

CRONOGRAMA DE ABERTURA DE CAPITAL E DISTRIBUIÇÃO DE VALORES MOBILIÁRIOS*																
Etapas da abertura de capital	**Responsáveis**					**Número de semanas**										
	Empresas e especialistas	Intermediário(s) financeiro(s)	CVM	Bolsa(s) de Valores	Inves-tidor	**	1º	2º	3º	4º	5º	6º	7º	8º	9º	10º
1º Análise preliminar sobre a conveniência da abertura	x	x														
2º Escolha de auditoria independente	x															
3º Escolha do coordenador líder	x	x														
4º Definição das características	x	x														
5º Contrato de distribuição de valores mobiliários	x	x														
6º Adaptação do estatuto e outros procedimentos legais	x	x														
7º Elaboração do prospecto	x	x														
8º Processo de registros junto a CVM	x	x	x													
9º Processo de registro em bolsa	x	x		x												
10º Aviso ao mercado e *marketing* junto aos investidores potenciais (*road show*)	x	x			x											
11º Início do período de reservas e *bookbuilding*		x			x											
12º Obtenção de registro CVM e anúncio de início de distribuição pública		x	x													
13º Subscrição e liquidação dos novos títulos ou leilão em bolsa	x	x		x	x											
14º Início da negociação em bolsa				x	x											
15º Anúncio de encerramento		x														
*Modelo meramente exemplificativo	**Período de tempo variável/indeterminado															

O processo é concluído com a subscrição e a liquidação financeira da operação, quando os investidores se comprometem a adquirir um lote (subscrição) e depois realizam o pagamento (liquidação) aos intermediários (coordenador, líderes e consorciados) que participaram da distribuição da operação. A Figura 3.2 mostra o esquema da operação de lançamento de ações.

Esquema de um lançamento primário de ações

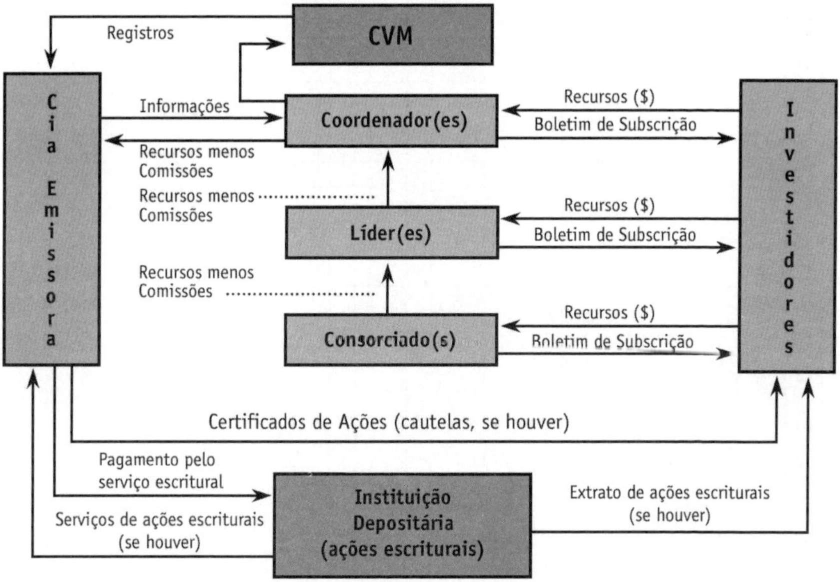

FIGURA 3.2

EMISSÃO DE TÍTULOS DE DÍVIDA – DEBÊNTURES E NOTAS PROMISSÓRIAS

A emissão de debêntures segue os mesmos procedimentos da emissão de ações. A diferença está nos estudos técnicos, em que a discussão não é o preço, mas sim a taxa de juros, os indexadores e as garantias aos futuros investidores, chamados de debenturistas. O foco da análise de investimento é a capacidade futura de pagamento do principal e do serviço da dívida por parte da companhia emissora.

Seguindo a reforma da lei societária, a CVM flexibilizou os procedimentos de emissão, através das debêntures padronizadas, com o objetivo de reduzir o tempo e os custos do processo de distribuição pública e também de estimular o mercado secundário.

Com relação às notas promissórias, por se tratar de títulos de curto prazo – de 30 a 360 dias –, seus procedimentos são mais simples, inclusive não exigindo a abertura do capital por parte da companhia emissora, respeitadas algumas condições. Sua remuneração, por orientação da CVM, é preferencialmente prefixada na forma de deságio sobre o valor de face.

Securitização de recebíveis

A operação de securitização de recebíveis consiste na transformação de um grupo relativamente homogêno de ativos (recebíveis) em lastro para a emissão de títulos mobiliários colocados para os investidores e passíveis de negociação. Esses títulos se caracterizam pelo compromisso de pagamento futuro, de principal e de juros, a partir do fluxo de caixa proveniente daquele grupo de ativos selecionados. Os recebíveis podem ser créditos decorrentes de financiamentos imobiliários ou para crédito pessoal, vendas mercantis, assinaturas de jornais e revistas, pagamento de mensalidades escolares ou de contas de água, energia elétrica ou telefone, entre inúmeras alternativas.

A securitização de recebíveis envolve a venda de recebíveis de uma empresa "originadora" para um veículo, denominado entidade emissora, que emite títulos no mercado de capitais para financiar a compra daqueles recebíveis, que servirão de lastro aos referidos títulos. Essa entidade emissora pode assumir três formas: (i) sociedade de propósito específico (SPE), companhia de capital aberto que emitirá debêntures; (ii) companhia securitizadora, constituída como sociedade anônima, que poderá ser de créditos imobiliários (CSCI), a qual capta via emissão de certificados de recebíveis imobiliários (CRIs) ou debêntures, ou companhia securitizadora de créditos financeiros (CSCF), que capta mediante emissão de debêntures; (iii) fundo de investimento em direitos creditórios (FIDC) ou fundo de recebíveis, que capta através da emissão de cotas. Qualquer que seja sua forma, a entidade emissora tem como único objeto social (ou objetivo de investimento, se fundo) realizar a securitização, isto é, o acolhimento dos créditos, adquiridos com os recursos provenientes da emissão dos valores mobiliários (debêntures, certificados de recebíveis ou de cotas de fundos de direitos creditórios).

Na securitização de recebíveis, o risco de crédito dos recebíveis é segregado do risco de crédito da companhia originadora, viabilizando a emissão em condições que, em muitos casos, não poderiam ser alcançadas pela companhia originadora, em termos de nível de risco atribuído à operação. Em outros casos, mesmo não havendo grau de risco significativo na empresa originadora, a securitização é uma opção válida quando não se deseja aumentar o nível de endividamento com credores.

A securitização é uma operação complexa que envolve a contratação, por parte da empresa, de terceiros com funções específicas, tais como monitorar o fluxo de caixa da entidade emissora; auditar o processo de concessão de crédito da companhia originadora, a transferência dos recebíveis para a entidade emissora e os procedimentos de cobrança dos recebíveis; classificar o risco da operação com base na qualidade dos créditos, estrutura de fluxo de caixa da operação e solidez jurídica da estruturação. Dessa forma, a empresa originadora não tem acesso ao caixa da entidade emissora, sendo seus ativos totalmente desvinculados dos da entidade emissora, mesmo em eventuais pedidos de concordata e falência. Em outras palavras, a securitização consegue isolar os ativos do risco de falência da originadora. O investidor deixa de correr o risco da originadora e assume o risco de inadimplência dos recebíveis, o qual é mitigado por estruturas de reforço ligadas a operação ou contratadas de terceiros.

CAPÍTULO 4

OS CUSTOS E AS OBRIGAÇÕES DAS COMPANHIAS ABERTAS

SUMÁRIO: O capítulo apresenta os custos de emissão e de manutenção da condição de companhia aberta. Discute ainda as novas obrigações da companhia, com especial atenção à divulgação das informações relevantes e aos cuidados com a informação privilegiada. Finalmente, apresenta aspectos tributários relativos ao mercado de capitais.

CUSTOS DE EMISSÃO E DE MANUTENCÃO DA CONDIÇÃO DE COMPANHIA ABERTA

Os custos de emissão de valores mobiliários compreendem o pagamento de taxas à CVM e a remuneração de terceiros que auxiliam a realização da distribuição. Entre as taxas pagas à CVM, destaca-se a de registro da emissão, cujo valor varia em função do valor mobiliário emitido, sendo expressa em percentual em relação ao valor da distribuição. A remuneração de terceiros envolve desde o pagamento de consultores e auditores externos até os custos de impressão de material informativo. Entretanto, os custos mais relevantes são aqueles relacionados com a distribuição pública: a comissão de coordenação, de colocação e de garantia.

A comissão de coordenação é o valor pago ao banco, à corretora de valores ou distribuidora de valores que irá estruturar, em conjunto com a companhia, todas as características da emissão (porte, tipo de garantia e colocação, valor mobiliário mais apropriado para os objetivos da empresa etc.). Essa remuneração envolve desde a elaboração da documentação do pedido de registro até a liquidação financeira da emissão.

A comissão de colocação é aquela paga aos intermediários que efetivamente colocaram (distribuíram/venderam) os valores mobiliários ao investidor final.

A comissão de garantia é a remuneração que o coordenador e seus subcontratados recebem se garantirem a colocação da emissão. Essa garantia é dita "firme", pois o coordenador se compromete a adquirir eventual parcela da emissão que não consiga ser distribuída no mercado.

Não havendo a prestação da referida garantia, a operação é conduzida sob o regime de "melhores esforços", quando o coordenador simplesmente se compromete a tentar colocar a maior parcela possível de valores mobiliários, não recebendo a comissão de garantia.

Uma vez encerrada a operação de abertura de capital e emissão de valores mobiliários, a companhia incorrerá nos custos de manutenção da condição de companhia aberta, destacando-se os seguintes: auditoria e publicações legais, serviços de acionistas, taxa de fiscalização da CVM e manutenção de diretoria/gerência de relações com investidores.

O Quadro 4.1 resume os custos em que uma companhia incorre, desde a operação de abertura do capital até a consolidação de uma diretoria/gerência de relações com investidores, que será responsável pelo cumprimento das obrigações inerentes à condição de companhia aberta.

Obrigações das companhias abertas – Política de divulgação de informações e fato relevante

As informações geradas pela companhia e sua divulgação são de importância fundamental para todos os participantes do mercado de capitais, pois subsidiam tecnicamente as decisões relativas às negociações de títulos e valores mobiliários.

Entre as atividades relativas à regulação do mercado de capitais, a CVM regula e fiscaliza a divulgação de informações das companhias abertas. O objetivo é garantir que as informações reflitam devidamente a situação presente e as perspectivas das companhias, e sejam divulgadas de forma eficaz, pelo meio adequado e em tempo hábil, viabilizando a decisão de investimento e as decisões de votar e de se fazer representar nas assembléias das companhias.

Custos da companhia aberta

Natureza dos custos				
Etapas	**Legais e institucionais**	**Publicação, publicidade e marketing**	**Intermediação financeira**	**Internos da empresa**
1 Análise preliminar	-	-	-	• Formação de grupo de estudos sobre a abertura • Eventual consultoria externa de mercado de capitais.
2 a 7 Montagem da operação	• Contratação de auditoria externa	• Edital de convocação e ata de assembléia(s) e RCAs. • Demonstrações financeiras	• Comissão de coordenação	-
8 Processo na CVM	• Taxa de registro de emissão • Registro de escritura de debêntures • Agente fiduciário	• Prospecto	-	-
9 Registro em bolsa	• Anuidade à bolsa	-	-	-
10 e 11 Marketing de distribuição e *bookbuilding*	-	• Material Informativo • Visitas à empresa • Apresentações aos investidores	-	-
12 e 15 Distribuição e liquidação financeira	• Serviço de ações escriturais	• Anúncios de início e encerramento da distribuição	• Comissões de garantia (se houver) e distribuição	-
Manutenção da condição de companhia aberta	• Taxa de fiscalização da CVM	• Informe aos acionistas	-	• Departamento de acionistas • Estrutura da diretoria de relações com investidores

Quadro 4.1

Cabe ao diretor de relações com investidores (DRI) garantir a transparência, a homogeneidade e a simultaneidade das informações, conforme padrões éticos e regulamentações oficiais. A relevância desse ponto está em que a competição no mercado deve ocorrer na esfera da interpretação das informações disponíveis, e não na esfera da obtenção dos dados em si, ou ainda em sua difusão antecipada.

PRINCIPAIS ATIVIDADES DE RELAÇÕES COM INVESTIDORES

- desenvolvimento interno da cultura de companhia aberta;
- divulgação de informações obrigatórias;
- divulgação de informações voluntárias ao mercado;
- relacionamento com órgãos reguladores;
- relacionamento com as bolsas de valores e mercados de balcão;
- monitoramento do serviço aos acionistas e das assembléias gerais;
- reuniões com analistas de investimento, acionistas e investidores potenciais;
- relacionamento com a imprensa;
- acompanhamento das condições de negociação dos valores mobiliários da companhia;
- participação no planejamento estratégico da companhia, utilizando o *feedback* dos analistas e investidores.

QUADRO 4.2

Entre as informações obrigatórias, está a divulgação do fato/ato relevante. De acordo com a Instrução CVM nº 358/02, a companhia emissora deverá adotar política de divulgação de ato/fato relevante, contemplando procedimentos relativos à manutenção do sigilo acerca das informações relevantes não divulgadas. Pela mesma instrução, a companhia poderá aprovar política de negociação das ações de sua emissão pelos controladores, diretores, membros do conselho de administração e conselho fiscal e quaisquer outros órgãos.

O fato relevante deve ser comunicado simultaneamente a CVM, bolsas, câmaras de liquidação e imprensa. O não cumprimento desse disposto é considerado infração grave. Contudo, o artigo 157 da Lei nº 6.404/76, parágrafo 5º, e os artigos 6 e 7 da Instrução CVM nº 358/02 permitem que os administradores não divulguem a informação se estiver em risco interesse legítimo da companhia, cabendo à CVM decidir sobre a divulgação. O item a seguir conceitua e exemplifica os acontecimentos societários considerados fatos relevantes.

Características do fato relevante

Considera-se relevante, para os efeitos da Instrução CVM nº 358/02, qualquer decisão de acionista controlador, deliberação da assembléia geral ou dos órgãos de administração da companhia aberta, ou qualquer outro ato ou fato de caráter político-administrativo, técnico, negocial ou econômico-financeiro ocorrido ou relacionado a seus negócios que possa influenciar de modo ponderável:

- na cotação dos valores mobiliários de emissão da companhia aberta ou a eles referenciados;
- na decisão dos investidores de comprar, vender ou manter aqueles valores mobiliários;
- na decisão dos investidores de exercer quaisquer direitos inerentes à condição de titulares de valores mobiliários emitidos pela companhia ou a eles referenciados.

São exemplos de ato ou fato potencialmente relevante, entre outros, os seguintes:

I - assinatura de acordo ou contrato de transferência do controle acionário da companhia, ainda que sob condição suspensiva ou resolutiva;

II - mudança no controle da companhia, inclusive por meio de celebração, alteração ou rescisão de acordo de acionistas;

III - celebração, alteração ou rescisão de acordo de acionistas em que a companhia seja parte ou interveniente, ou que tenha sido averbado no livro próprio da companhia;

IV - ingresso ou saída de sócio que mantenha, com a companhia, contrato ou colaboração operacional, financeira, tecnológica ou administrativa;

V - autorização para negociação dos valores mobiliários de emissão da companhia em qualquer mercado, nacional ou estrangeiro;

VI - decisão de promover o cancelamento de registro da companhia aberta;

VII - incorporação, fusão ou cisão envolvendo a companhia ou empresas a ela ligadas;

VIII - transformação ou dissolução da companhia;

IX - mudança na composição do patrimônio da companhia;

X - mudança de critérios contábeis;

XI - renegociação de dívidas;

XII - aprovação de plano de outorga de opção de compra de ações;

XIII - alteração nos direitos e vantagens dos valores mobiliários emitidos pela companhia;

XIV - desdobramento ou grupamento de ações ou atribuição de bonificação;

XV - aquisição de ações da companhia para permanência em tesouraria ou cancelamento e alienação de ações assim adquiridas;

XVI - lucro ou prejuízo da companhia e a atribuição de proventos em dinheiro;

XVII - celebração ou extinção de contrato, ou insucesso em sua realização, quando a expectativa de concretização for de conhecimento público;

XVIII - aprovação, alteração ou desistência de projeto ou atraso em sua implantação;

XIX - início, retomada ou paralisação da fabricação ou comercialização de produto ou da prestação de serviço;

XX - descoberta, mudança ou desenvolvimento de tecnologia ou de recursos da companhia;

XXI - modificação de projeções divulgadas pela companhia;

XXII - impetração de concordata, requerimento ou confissão de falência ou propositura de ação judicial que possa vir a afetar a situação econômico-financeira da companhia.

Tributação – tratamento do IR sobre dividendos e juros sobre o capital próprio

As companhias abertas recolhem imposto de renda e contribuição social sobre o lucro líquido de acordo com as determinações e alíquotas da Lei nº 9.249/95, alterada pela Lei nº 9.430/96. A distribuição de dividendos não incorre em recolhimento de IR, dada a premissa de que a companhia já pagou o IR sobre o lucro apurado.

A Lei nº 9.249/95 também extinguiu a correção monetária e, a título de compensação, possibilitou o pagamento aos acionistas de juros sobre o capital próprio, dedutíveis como despesa na apuração do lucro real. Tais juros são uma espécie de "dividendos dedutíveis" do IR da companhia, podendo ser computados no cálculo do dividendo obrigatório.

CAPÍTULO 5

O MERCADO SECUNDÁRIO DOS VALORES MOBILIÁRIOS

SUMÁRIO: Este capítulo explica as formas de negociação dos valores mobiliários da companhia emissora no mercado secundário e também apresenta os procedimentos de listagem nas bolsas e mercados de balcão organizado. Discute, ainda, a importância da liquidez no mercado secundário e, por fim, apresenta os níveis diferenciados de negociação na Bovespa e o Novo Mercado.

BOLSAS DE VALORES

As bolsas de valores são sociedades cujos objetivos e atividades são:

- manter o local adequado para a realização de transações de compra e venda de títulos e valores mobiliários em mercado livre e aberto, organizado e fiscalizado pelos próprios membros e pelas autoridades monetárias;
- criar e organizar os meios materiais, os recursos técnicos e as dependências administrativas adequadas à pronta, segura e eficiente realização e liquidação das operações efetuadas no recinto de negociação (pregão);
- organizar, administrar, controlar e aperfeiçoar o sistema e o mecanismo de registro e liquidação das operações realizadas;
- estabelecer um sistema de negociação que propicie e assegure a continuidade das cotações e a plena liquidez ao mercado de títulos e valores mobiliários;

- fiscalizar o cumprimento, por seus membros e as sociedades emissoras de títulos e valores mobiliários, das disposições legais e regulamentares, estatutárias e regimentais que disciplinam as operações em bolsa, aplicando aos infratores as penalidades cabíveis;
- dar ampla e rápida divulgação às operações efetuadas em seu pregão;
- assegurar completa garantia aos investidores pelos títulos e valores negociados.

A partir das reformas de 1964-67, que institucionalizaram o sistema financeiro nacional, as bolsas de valores adotaram um modelo que se apoiava na existência de nove bolsas espalhadas pelo país, que deveriam disseminar o mercado de ações a partir de bases regionais. Na prática, isso não ocorreu e, ao longo das décadas de 70 e 80, as bolsas de São Paulo e do Rio de Janeiro polarizaram o mercado.

Já na década de 90, a Bolsa de Valores de São Paulo (Bovespa) passou a concentrar fortemente os negócios, processo que acabou resultando em acordo de integração das Bolsas de Valores de São Paulo e do Rio Janeiro, no início do ano 2000. Pelo acordo celebrado, o pregão de São Paulo passou a realizar os negócios com ações e títulos corporativos, e o do Rio de Janeiro a realizar os negócios com títulos públicos. Com a fusão das bolsas, o mercado acionário brasileiro ganhou identidade única e competitividade internacional.

Finalmente, a regulamentação das bolsas de valores também foi reformulada e consolidada em janeiro de 2000, por intermédio da Resolução CMN nº 2.690, incluindo a possibilidade de essas instituições se constituírem sob a forma de sociedades anônimas, seguindo tendência internacional.

Embora o processo de globalização financeira* esteja promovendo a convergência de procedimentos e aspectos da regulamentação do mercado de capitais, ainda persistem diferenças relevantes entre os mercados acionários dos diversos países. O Quadro 5.1 apresenta dois padrões: A e B. O primeiro reúne as características do mercado norte-americano, e o segundo ilustra o mercado brasileiro.

Quadro 5.1

TIPOS DE MERCADOS ACIONÁRIOS

A	B
• Propriedade dispersa	• Propriedade concentrada
• Ativismo dos investidores não controladores	• Bloco controlador ligado a famílias e bancos; prêmio de controle relevante
• Alta liquidez	• Baixa-média liquidez
• Transparência	• Menor transparência
• *Take over** hostil freqüente	• Baixo risco de *take over*
• Auto-regulação consolidada	• Auto-regulação em implantação

ÍNDICES DA BOLSA

Para aferir e acompanhar o mercado de ações são construídos índices de ações, isto é, carteiras teóricas constituídas de acordo com uma metodologia específica e predeterminada, cujo desempenho reflete o comportamento característico do mercado como um todo ou do segmento definido pela metodologia, segundo critérios tais como, negociabilidade, rentabilidade, valor de mercado, agregados setoriais, entre outros. A seguir, serão apresentados os índices mais usuais.

O índice mais tradicional do mercado brasileiro é o Índice Bovespa, conhecido como Ibovespa, criado em 1968. Trata-se do indicador da lucratividade de uma carteira teórica de ações, composta pelas ações que representam 80% do volume financeiro total negociado na Bovespa no período de 12 meses anterior à formação da carteira, sendo os preços das ações individuais ponderados pelos respectivos volumes de negócios.

Outro índice que já se consolidou no nosso mercado é o Índice Brasil, ou IBrX, divulgado desde 1997. Trata-se do indicador de retorno de uma carteira teórica composta por 100 ações selecionadas entre as mais negociadas na Bovespa em termos de número de negócios e volume financeiro. Diferentemente do Ibovespa, o IBrX considera os preços das ações ponderados pelo valor das ações efetivamente em mãos do mercado, desconsiderando, portanto, ações que estão "em tesouraria" e as de titularidade do grupo controlador.

Gráfico 5.1

Fonte: Bovespa

Para maior facilidade operacional quanto à capacidade de se replicar a carteira do índice, foi desenvolvido o IBrX-50, que utiliza a mesma metodologia do IBrX, porém para apenas 50 ações.

O Novo Mercado da Bovespa

A proposta do Novo Mercado da Bovespa surgiu da constatação de que os investidores domésticos e estrangeiros demandam mais transparência, melhores práticas de governança corporativa e padrões contábeis internacionais. Embora a própria regulamentação societária tenha sido alterada nesse sentido, a concepção da Bovespa foi fortalecer a auto-regulação e reduzir de imediato a percepção de risco dos investidores.

O que é governança corporativa?

Governança corporativa é a tradução da expressão corporate governance. *Existem várias definições para ela, em geral convergindo para o sistema de gestão corporativa e representação dos interesses dos acionistas.*

Governança corporativa é o conjunto de práticas que tem por finalidade estabelecer um sistema pelo qual as sociedades são dirigidas e monitoradas, envolvendo os relacionamentos entre investidores (acionistas/cotistas), conselho de administração, diretoria, auditoria independente e conselho fiscal, sistema esse que busca alinhar os objetivos da administração da companhia aos interesses dos acionistas. A adoção de tais práticas tende a aumentar o valor de uma companhia, facilitar seu acesso ao capital e contribuir para sua perenidade.

A prática da governança corporativa aplicada ao mercado de capitais envolve, principalmente, transparência, eqüidade de tratamento dos acionistas, prestação de contas e responsabilidade corporativa.

A boa governança corporativa deve estimular adequadamente o conselho de administração e a diretoria a perseguir objetivos que sejam do interesse da empresa e de seus acionistas, e facilitar a fiscalização, incentivando, assim, as empresas a utilizar os recursos de maneira mais eficiente.

No Brasil, o Instituto Brasileiro de Governança Corporativa (IBGC) desenvolveu e mantém atualizado um código das melhores práticas de governança corporativa e a CVM divulgou uma cartilha com recomendações acerca do mesmo tema.

O Novo Mercado foi lançado no final do ano 2000, contando com o apoio de boa parte da comunidade de negócios. Ao mesmo tempo, considerando que as companhias já listadas na Bovespa abriram capital em outro ambiente institucional e econômico, sendo difícil a migração para o novo segmento, a bolsa propôs a adesão dessas empresas aos níveis diferenciados de governança corporativa 1 e 2.

A companhia que aderir voluntariamente a esses segmentos deve adotar procedimentos mais rigorosos do que os exigidos pela regulamentação vigente.

Os três segmentos, Nível 1, Nível 2 e Novo Mercado, contêm sucessivamente todas as exigências do anterior e mais as que lhe competem. O Nível 1 incorpora exigências relativas a transparência e liquidez. O Nível 2 demanda balanços nos padrões internacionais, além de aspectos ligados a práticas de governança corporativa, como o *tag along* e a adesão à câmara de arbitragem. Finalmente, o Novo Mercado exige, adicionalmente aos demais, que todas as ações tenham direito a voto. O Quadro 5.2, a seguir, apresenta as principais características dos segmentos especiais de negociação, já consolidadas com as últimas alterações.

Comparação entre as regras do Nível 1, Nível 2 e Novo Mercado

Características	Nível 1	Nível 2	NM
Regras societárias			
Vedação à circulação de partes beneficiárias	■	■	■
Adesão à câmara de arbitragem do mercado		■	■
Mandato unificado de até dois anos para os cinco membros do CA		■	■
Fechamento de capital pelo valor econômico da companhia		■	■
Tag along com 100% (ordinárias) ou 80% (preferenciais) do valor pago ao bloco de controle		■	
Tag along com 100% do valor pago ao bloco de controle			■
Direito de voto restrito a ações preferenciais em casos especiais		■	
Emissão exclusiva de ações ordinárias			■
Divulgação de informações			
Informações adicionais às Informações Trimestrais (ITR)	■	■	■
Informações adicionais às Demonstrações Financeiras Padronizadas (DFP)	■	■	■
Informações adicionais às Informações Anuais (IAN)	■	■	■
Reunião pública anual com analistas e outros interessados	■	■	■
Calendário anual de eventos corporativos	■	■	■
Termos dos contratos firmados entre a empresa e partes relacionadas	■	■	■
Acordos de acionistas registrados na Bovespa	■	■	■
Programas de opção de aquisição de ações de funcionários e administradores	■	■	■
Negociações mensais com ações da companhia por parte dos controladores, administradores e membros do Conselho Fiscal	■	■	■
Demonstrações financeiras			
Demonstrações financeiras anuais no padrão US Gaap ou International Accounting Standarts (IAS)		■	■
Demonstrações financeiras trimestrais no padrão US Gaap/IAS ou ITR traduzidas para o inglês		■	■
Dispersão de ações			
Free float mínimo de 25% das ações	■	■	■
Garantia de acesso ou distribuição "livre" de, no mínimo, 10% da emissão	■	■	■
Lock-up de 6 meses + 60% nos seis meses subseqüentes			■
Distribuições públicas			
Informações adicionais aos prospectos de distribuições públicas	■	■	■

QUADRO 5.2

Depois de cinco anos, verificou-se que as empresas que aderiram a um dos três segmentos especiais de negociação tiveram:

- valorização das ações em bolsa;
- incremento no volume negociado;
- aumento da liquidez;
- queda na volatilidade*.

Verificou-se, também, como esperado, que os novos segmentos de negociação, com regras mais favoráveis ao acionista investidor, aumentaram consistentemente sua participação nos principais indicadores do mercado.

PARTICIPAÇÃO DOS SEGMENTOS ESPECIAIS CAPITALIZAÇÃO DE MERCADO*, VOLUME NEGOCIADO E NÚMERO DE NEGÓCIOS

GRÁFICO 5.2

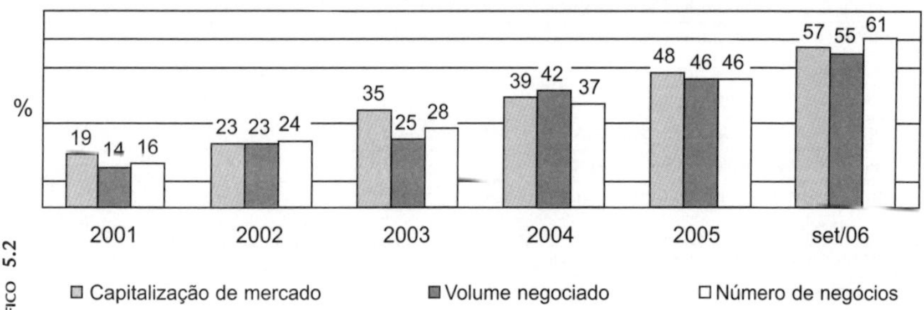

Fonte: Bovespa – Boletim do Novo Mercado

Por fim, a maior valorização das companhias dos segmentos especiais de negociação pode ser avaliada através do acompanhamento do Índice de Ações com Governança Corporativa Diferenciada (IGC), calculado desde 2001, para medir o desempenho de uma carteira teórica formada por ações de empresas que participem do Novo Mercado ou estejam classificadas nos Níveis 1 e 2 da Bovespa.

Pode-se observar, no Gráfico 5.3, que o IGC apresentou, desde sua criação, desempenho melhor do que o Ibovespa e o IBRx, o que reafirma a anterior constatação de maior valorização das ações de companhias que aderem aos segmentos especiais de negociação.

Gráfico 5.3

Evolução do Ibovespa x IBRX 50 x IGC (base 1000 = 25/06/2006)

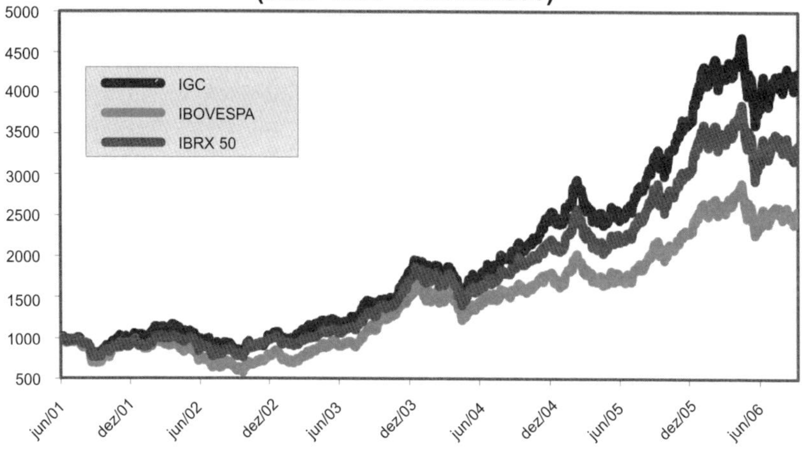

Mercado de balcão organizado

O mercado de balcão negocia os valores mobiliários das companhias abertas que não têm registro em bolsa. Em 1996, pela Instrução CVM nº 243/96, foi disciplinado o funcionamento do mercado de balcão organizado*, posteriormente alterado pela Instrução CVM nº 384/03.

As entidades do mercado de balcão organizado são constituídas como sociedade civil ou comercial, sendo consideradas órgãos auto-reguladores, auxiliares da CVM, devendo fiscalizar seus respectivos participantes e as operações realizadas no mercado de balcão. Essas entidades têm como objetivo manter sistema adequado à realização de compra e venda de valores mobiliários, em mercado livre e aberto, dotando permanentemente esse sistema de todos os meios necessários à pronta e eficiente realização e visibilidade das operações.

No Brasil, o mercado de balcão organizado de renda variável é administrado pela Bovespa, com regras específicas, diferentes das aplicáveis ao ambiente de bolsa. Nesse segmento atuam como intermediários não somente corretoras-membros da Bovespa, mas também outras instituições financeiras, como bancos e distribuidoras de valores. São negociados nesse segmento valores mobiliários como ações e debêntures de emissão de companhias abertas com registro na CVM, cotas de fundos de investimento imobiliário, de fundos fechados, de fundos de investimento em direitos creditórios (FIDCs) e de certificados de recebíveis imobiliários (CRIs), todos com registro na CVM.

Os atuais segmentos do mercado de balcão organizado administrados pela Bovespa compreendem a Soma para renda variável, seus equivalentes desenvolvidos para renda fixa denominados Bovespa Fix (negociação) e Soma Fix, e o Bovespa Mais (Mercado de Ações para o Ingresso de S.A.). Este último, criado em 2005, é um novo segmento no qual apenas podem ser listadas companhias abertas com registro na CVM que se comprometam com elevados padrões de governança corporativa. Seu propósito é acolher companhias que tenham uma estratégia gradual de acesso ao mercado de capitais, viabilizando sua exposição a esse mercado e apoiando sua evolução em termos de transparência, de ampliação da base de acionistas e de liquidez.

Bolsas de mercadorias e futuros

As bolsas de mercadorias e futuros são sociedades cujos objetivos e atividades são similares aos das bolsas de valores, porém voltados à negociação de mercadorias (*commodities*) e ativos financeiros nos mercados disponível, ou à vista, e de liquidação futura.

Em 1985, por iniciativa da Bovespa, foi fundada a Bolsa Mercantil e de Futuros (BM&F), que iniciou operações no ano seguinte, dedicada à negociação de derivativos (contratos a termo, de opções e de futuros) sobre índice de ações, ouro, taxas de juros e de câmbio. Em 1991, a BM&F incorporou a tradicional Bolsa de Mercadorias de São Paulo, fundada em 1917, que negociava mercadorias agrícolas e derivativos dessas, passando à denominação de Bolsa de Mercadorias e Futuros (BM&F). Em 1997, a BM&F incorporou a Bolsa Brasileira de Futuros (BBF), fundada em 1983 e sediada no Rio de Janeiro. Em 2001, houve a criação da Bolsa Brasileira de Mercadorias (BBM), com a fusão de seis bolsas brasileiras de *commodities*. Em 2002, a BM&F adquiriu direitos de operacionalização do SisBex, um sistema de negociação de títulos públicos e outros ativos.

Objetivo da BM&F

Organizar, operacionalizar e desenvolver um mercado de futuros livre e transparente. Um mercado que proporcione aos agentes econômicos oportunidades para a realização de operações de proteção (*hedge*) contra as flutuações de preços das mais variadas *commodities* e todo e qualquer produto ou variável macroeconômica cuja incerteza quanto a seu preço futuro possa influenciar negativamente a atividade econômica.

O QUE SÃO DERIVATIVOS?

Derivativos são contratos padronizados negociados entre duas partes, nos quais realizam um acordo sobre a compra ou a venda de determinado ativo em uma data futura. Esse ativo pode ser um ativo real (como café, soja ou açúcar) ou um indicador financeiro (como CDI, IGP-M ou dólar). Os derivativos são geralmente complexos pela variedade de operações que podem ser feitas com eles: existem diversos tipos de ativos, diversas modalidades de negociação (por exemplo, contratos em que uma das partes tem direito de optar ou não pela venda ou compra do ativo em questão), além de poder ser combinados entre si, de forma a agregar outras características à operação que se pretende realizar.

São funções do mercado derivativo permitir a transferência de risco e proporcionar transparência na formação de preços. Para tanto, são precondições necessárias à existência do mercado derivativo a presença de risco de preço de uma mercadoria ou ativo financeiro de referência, a grande abrangência desse risco e a possibilidade de padronização da mercadoria ou do ativo em contratos.

Principais mercados derivativos

Mercado futuro: aquele em que as partes assumem compromisso de compra e/ou venda de determinada quantidade e qualidade padronizadas de um ativo financeiro ou real, representadas por contratos padronizados para liquidação (física e/ou financeira) em data futura. Nesse mercado, existe o ajuste diário do valor dos contratos, isto é, a equalização de todas as posições no mercado futuro, com base no preço de compensação do dia. Esse é o mecanismo que possibilita a liquidação financeira diária de lucros e prejuízos das posições, viabilizando a troca de posições.

Mercado a termo: aquele em que é assumido compromisso de compra e/ou venda para liquidação em data futura (por exemplo, contratação de compra/venda de um lote padronizado

Quadro 5.3

de ouro para entrega em, por exemplo, 30 dias), ficando as partes, compradora e vendedora, vinculadas uma à outra até a liquidação do contrato.

Mercado de opções: aquele em que uma parte adquire de outra o direito de comprar (opção de compra) ou vender (opção de venda) o objeto de negociação, até ou em determinada data, por preço previamente estipulado. Tal objeto de negociação constitui-se em contratos padronizados representativos de um ativo financeiro ou de uma mercadoria no mercado disponível ou no mercado futuro, negociados em pregão, com ampla transparência.

Mercado de *swaps*: aquele em que as partes trocam um índice de rentabilidade por outro, com o intuito de fazer *hedge*, casar posições ativas com posições passivas, equalizar preços, arbitrar mercados ou até alavancar sua exposição ao risco.

Os contratos padronizados negociados na BM&F são submetidos a prévia aprovação dos órgãos reguladores. Pode-se verificar no Gráfico 5.3, a seguir, que os principais ativos negociados são taxas de juros e de câmbio, ante a importância desses ativos financeiros e o grau de incerteza quanto a seu comportamento na economia brasileira.

Por outro lado, pode-se ainda acrescentar que o mercado derivativo de *commodities* agropecuárias é muito pouco desenvolvido no Brasil, comparativamente com o peso desse setor na economia. Vale assinalar, no entanto, que sua participação segue consistente, seja em volume financeiro, seja em total de contratos negociados.

Volume financeiro negociado na BM&F (1997 - 2005)

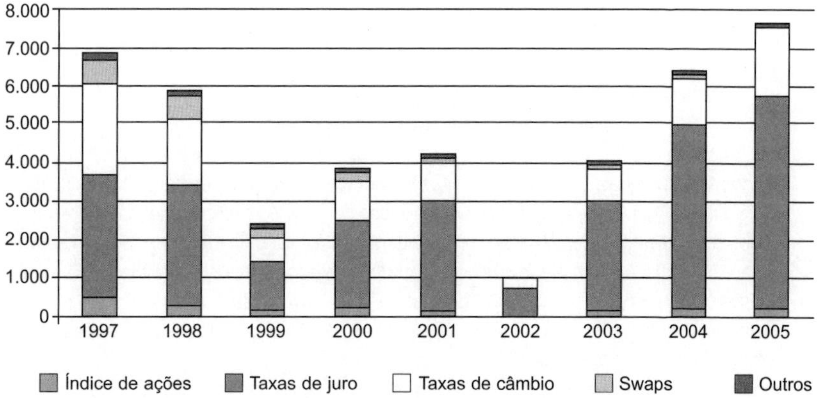

Gráfico 5.3

PARTE 2

O MERCADO DE CAPITAIS NA VISÃO DOS INVESTIDORES

CAPÍTULO 6

POR QUE INVESTIR EM AÇÕES E TÍTULOS DE RENDA FIXA?

SUMÁRIO: Este capítulo apresenta as diferenças entre renda fixa e renda variável e procura alinhavar as razões para a aquisição de títulos e valores mobiliários no mercado de capitais. Serão feitas comparações da rentabilidade histórica dos diversos tipos de aplicação e discutidas as melhores opções, de acordo com o perfil do investidor.

DIFERENÇA ENTRE RENDA FIXA E RENDA VARIÁVEL

Antes de tomar uma decisão de investimento, é importante diferenciar renda fixa de renda variável.

QUADRO 6.1

CONCEITOS DE RENDA FIXA E RENDA VARIÁVEL

Renda fixa	Renda variável
• Fundos de investimento, títulos e valores mobiliários com rendimentos estabelecidos (por exemplo, taxa de juros) • Rendimentos pré ou pós-fixados • Títulos públicos • Políticas monetárias e fiscal • Títulos privados • Financeiros • Corporativos	• Fundos, títulos e valores mobiliários com rendimento futuro desconhecido e com variação do valor do principal

A renda fixa consiste na obtenção de juros pela concessão de empréstimos ou compra de títulos de dívida. Os juros simplesmente têm por objetivo dar valor ao dinheiro no tempo, ou seja, eles representam o valor do "aluguel" do dinheiro emprestado ou aplicado.

Para ilustrar esse conceito, pode-se imaginar o seguinte: você gostaria de possuir R$ 200,00 agora ou daqui a um ano (desconsiderando-se que exista inflação)? A resposta normal a essa pergunta seria possuir R$ 200,00 agora, para comprar algo hoje, e não só daqui a um ano. Se não existissem juros, todas as pessoas prefeririam gastar seu dinheiro agora, em vez de poupá-lo para consumo futuro. Assim, os juros criam uma situação de "indiferença": talvez a maior parte das pessoas já fique na dúvida entre possuir R$ 200,00 hoje ou R$ 220,00 daqui a um ano (a diferença de R$ 20,00 representa o valor do juro).

O conceito de taxa de juros é simplesmente uma extensão do conceito de juros: a taxa de juros é o valor dos juros em termos percentuais em relação ao valor inicial do dinheiro (também chamado de "capital inicial" ou "principal"). No exemplo anterior, a taxa de juros equivale a 10% ao ano em relação ao capital inicial (20/200 = 0,1 = 10%).

Os rendimentos de renda fixa são ainda divididos entre prefixados ou pós-fixados. No primeiro caso, o aplicador sabe previamente o valor total (nominal) de sua aplicação ao final do período. Por exemplo: aplicar em um certificado de depósito bancário (CDB) do banco X, com 360 dias de prazo, à taxa de juros de 10% no período. Quem aplica R$ 100,00, sabe previamente que obterá R$ 110,00 no prazo de 360 dias.

No caso do rendimento pós-fixado, o aplicador não sabe antecipadamente o valor total de resgate. Por exemplo, aplicar em uma nota do Tesouro Nacional (NTN) que renda 7% de juros ao ano mais a variação da inflação, medida pelo IGP-M. Quem aplica R$ 100,00, sabe que terá seu valor corrigido pela inflação do período mais juros de 7%, mas não sabe qual o valor total na data do resgate.

Quanto à renda variável, o aplicador não sabe, em determinado prazo, quanto renderá sua aplicação, nem ao menos se o valor inicial aplicado será preservado. O principal exemplo é aplicar em ações de uma companhia aberta X (veja detalhes nos Capítulos 2 e 3). O rendimento em determinado período dependerá dos lucros futuros da empresa, da existência de compradores potenciais para as ações e do próprio comportamento geral do mercado acionário.

Rentabilidade histórica das aplicações – comparação entre ações, poupança e títulos de renda fixa

Do exposto no item anterior, depreende-se que fazer opção entre aplicação em renda fixa (pré ou pós-fixada) e aplicação em renda variável é uma operação que demanda informações sobre as tendências do mercado e não pode se basear nos resultados históricos, pois eles podem não se repetir.

Apenas como ilustração, observe o comportamento de algumas aplicações no período de janeiro de 2000 a dezembro de 2005, no Gráfico 6.1 – especificamente, dólar, mercado acionário, CDI e poupança.

Gráfico 6.1

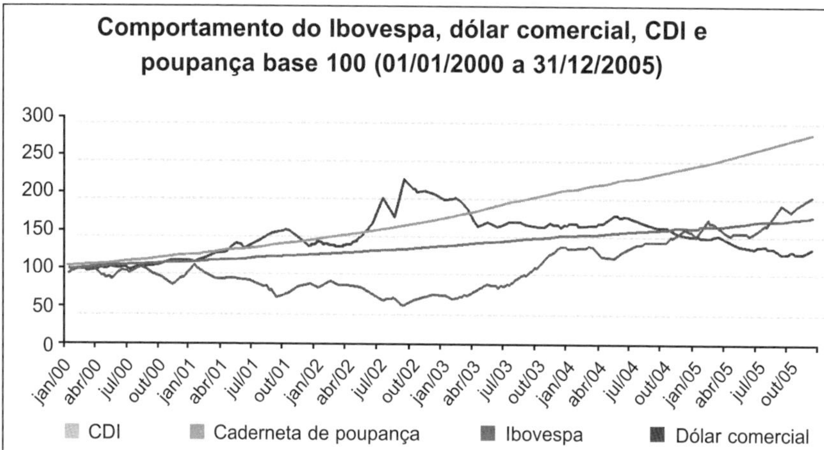

Fonte: Bacen (www.bacen.gov.br)

Comparando investimentos hipotéticos de R$ 100,00 no mercado acionário, medido pelo Ibovespa, contra R$ 100,00 em renda fixa, medida pelo CDI, e finalmente com R$ 100,00 na caderneta de poupança ou em dólares, ao final do período analisado, obteve maior rentabilidade quem deixou o dinheiro aplicado em renda fixa (CDI). Contudo, se a mesma comparação tivesse sido feita apenas para o ano de 2005, o investimento no mercado acionário teria sido o mais rentável.

É importante ressaltar, ainda, que o Ibovespa mede o comportamento médio ponderado do mercado acionário. Contudo, o desempenho de determinada ação pode ser bastante diferente desse índice, como se vê no Gráfico 6.2, na comparação entre o Ibovespa e as ações da Petrobras. No perído 2005-2006, as ações da Petrobras "decolaram" e apresentaram desempenho superior à média do mercado.

As melhores opções de acordo com o perfil do investidor

Mercado acionário: Ibovespa x Petrobras

Gráfico 6.2

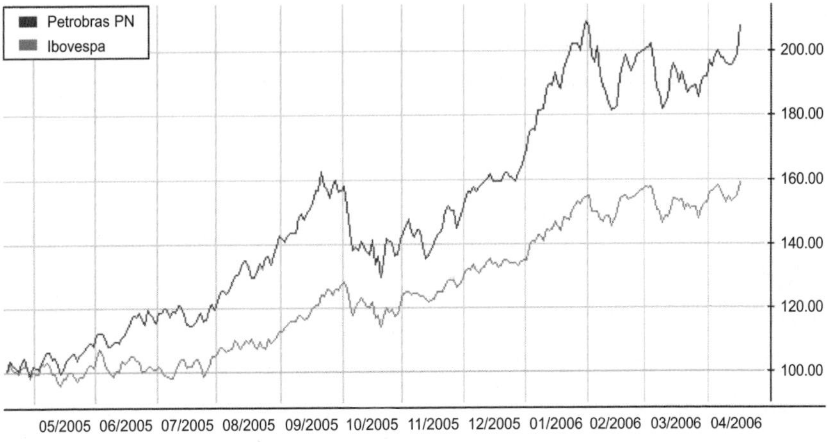

Fonte: Economática (www.economatica.com.br)

Fica claro, portanto, que a opção depende das perspectivas do mercado e do perfil do investidor, entendido este como a disposição do investidor em correr riscos e, seu horizonte de investimentos. Quem adquire ações se torna sócio da empresa e terá renda variável, participando do risco do empreendimento. A valorização da ação depende do desempenho realizado ou esperado da companhia, mas também do desempenho geral da economia. Acontecimentos políticos relevantes igualmente impactam o mercado de ações, positiva ou negativamente.

Quem investe em títulos do governo, de bancos, debêntures ou notas promissórias torna-se credor do emissor e terá, em regra, renda fixa, não se sujeitando às oscilações da lucratividade da companhia – mas o efetivo resgate dependerá da capacidade de pagamento do emissor e de eventuais garantias prestadas.

Tributação do investidor (IR, IOF e CPMF)

O investidor também precisa estar atento à tributação incidente sobre sua aplicação. A Tabela 6.1 mostra a incidência do Imposto de Renda, principal tributação.

Tabela 6.1

Tributação de IR para investidor residente

OPERAÇÃO/EVENTO	ALÍQUOTA
Ganhos no mercado à vista de ações, em bolsa	15% Obs.: Existe isenção do IR sobre os ganhos de capital nas alienações mensais de ações e ouro até R$ 20.000,00.
Fundos de ações	15%
Ganhos nos demais mercados de renda variável em bolsa e mercados de balcão organizado	15%
Renda fixa em geral e *swaps*	Conforme o prazo da aplicação: - até 180 dias: 22,5% - de 181 dias a 360 dias: 20% - de 361 dias a 720 dias: 17,5% - acima de 720 dias: 15%
Mercado de liquidação futura, fora de bolsa, inclusive opções flexíveis	15%
Dividendos	Isento
Juros sobre capital próprio	15%

IOF : O Imposto sobre Operações Financeiras (IOF) incide a alíquotas decrescentes nos resgates feitos em fundos não classificados como fundos de investimento em ações, num período de até 30 dias da aplicação. O percentual desse imposto pode variar de 96% a 0%, dependendo do número de dias decorridos da aplicação, e incide sobre o rendimento do investimento, de acordo com a tabela 8.2 apresentada no Capítulo 8.

CPMF : O fato gerador de Contribuição Provisória sobre a Movimentação ou Transmissão de Valores e de Créditos e Direitos de Natureza Financeira (CPMF) é o débito em conta corrente, e a alíquota é de 0,38% (até 31/12/2007). Sobre todo valor oriundo de conta corrente cujo destino seja um investimento, haverá o débito referente à CPMF. Para evitar a excessiva tributação, a alíquota foi reduzida a zero para investimentos e reinvestimentos que transitam pela conta investimento.

CAPÍTULO 7

COMO APLICAR EM AÇÕES, RENDA FIXA E DERIVATIVOS

SUMÁRIO: Trata-se de um capítulo de natureza operacional, explicando ao investidor os passos para a realização da aplicação e do resgate.

INVESTIMENTO DIRETO EM AÇÕES

Uma ação representa a menor parcela em que se divide o capital de uma empresa organizada em forma de sociedade anônima (S.A.). As ações são divididas em dois tipos: ordinárias e preferenciais (para maiores detalhes, leia o Capítulo 2). A rentabilidade que uma ação proporciona a seu investidor é variável e irá depender de vários fatores, tais como condições de mercado e da economia doméstica e internacional, lucros que a empresa vem conseguindo, como a empresa vem atuando no mercado e a política de dividendos da empresa.

O investidor interessado em comprar ações poderá fazê-lo no mercado primário ou no mercado secundário, sempre através de uma instituição integrante do sistema de intermediação, sendo fundamental entender a diferença entre ambos os mercados.

Mercado primário: Captação de recursos para a empresa

- Exige a prévia abertura de capital da companhia emissora.
- Exige o registro da emissão na CVM.

- As ações são distribuídas em oferta pública, coordenada por instituições financeiras.
- Os recursos dos investidores vão para o caixa da companhia.

Mercado secundário: Negociação entre acionistas

- Exige a listagem da companhia aberta em bolsa ou mercado de balcão organizado.
- As partes interessadas negociam por intermédio de corretoras.
- Proporciona liquidez ao mercado primário.

Fazendo um paralelo com o mercado de automóveis, o mercado primário de ações corresponde a "tirar um carro zero da fábrica". Comprar ações em bolsa significa estar no mercado secundário, tal como o de carros usados.

Seja para a compra no mercado primário, seja no mercado secundário, o investidor precisa se cadastrar em uma instituição integrante do sistema de intermediação, basicamente corretora ou distribuidora. No caso do mercado primário, o investidor deve procurar uma instituição que faça parte do conjunto de instituições engajadas naquela oferta pública (*pool* de distribuição).

No caso do mercado secundário, o investidor deve tornar-se cliente de uma corretora e passar ordens por meio dela. É possível dar ordens via internet, através de um sistema criado pela Bovespa, chamado de Homebroker, o qual pode ser acessado por meio do site das corretoras habilitadas. Também nesse caso, o investidor deve tornar-se cliente da corretora, cadastrando-se, previamente, naquela que escolher para operar.

O cadastro compreende o fornecimento de uma gama extensa de informações, cópias de documentos e declarações. Seu teor é determinado por normas emanadas dos órgãos reguladores. É muito importante que o cadastro seja efetuado perfeitamente e que seja mantido sempre atualizado, pois essa é a forma pela qual o investidor se caracteriza como cliente da instituição e, nessa qualidade, usufrui de diversos mecanismos de proteção que lhe oferecem as normas de regulação e auto-regulação do mercado.

Antes de decidir operar em ações, é conveniente que o investidor adquira maior conhecimento sobre o assunto. Para tanto, é possível contar com programas de educação financeira oferecidos pelo Instituto Nacional de Investidores (INI) e pela Bovespa.

O Capítulo 9, aborda as técnicas de análise de investimento.

INVESTIMENTO DIRETO EM TÍTULOS DE RENDA FIXA

A compra de títulos de renda fixa por parte do investidor de varejo (ou seja, pessoa física e jurídica de pequeno e médio porte) é possível, embora este seja um segmento do mercado onde predominam grandes investidores. Isso se explica pelo alto valor de cada título, pelos custos finais de uma operação de pequeno porte e, finalmente, pela ainda baixa liquidez do mercado secundário de títulos privados. Assim, é mais comum que os grandes investidores adquiram diretamente títulos de renda fixa, enquanto os investidores de varejo prefiram ou sejam orientados a entrar no mercado de renda fixa através dos fundos de renda fixa, nos quais podem se beneficiar da diversificação.

Caso o investidor pessoa física esteja interessado em comprar diretamente títulos públicos de renda fixa, é possível fazê-lo *on-line* através do Tesouro Direto (www.tesourodireto.gov.br). Para tanto, o investidor deve ser cadastrado em alguma das instituições financeiras habilitadas a operar no Tesouro Direto e solicitar sua senha provisória. Através dessa senha, o investidor acessa a área exclusiva do sistema na qual pode escolher títulos que queira comprar ou vender. O boleto bancário para pagamento das compras realizadas é gerado no próprio sistema e o crédito dos títulos é feito na conta de custódia do investidor no agente de custódia da Companhia Brasileira de Liquidação e Custódia (CBLC) (no caso, a própria instituição financeira por ele indicada), após a confirmação do pagamento dentro do prazo de vencimento. Já o produto de eventual venda será repassado ao Agente de Custódia indicado para retenção de tributos e posterior repasse dos recursos ao investidor, em contrapartida de débito em sua conta de custódia. Se o investidor não quiser efetuar sua compra diretamente, pode comandá-la mediante autorização formal a uma instituição habilitada.

Caso haja interesse em comprar títulos privados, o investidor poderá utilizar o Bovespa Fix, ambiente de negociação para títulos de dívida privada da Bovespa. No caso de negócios realizados no mercado de balcão para os mesmos títulos, as operações de compra e venda podem ser registradas no Soma Fix, mercado de balcão organizado de renda fixa também administrado pela Bovespa, dando mais segurança aos investidores. Os negócios no Bovespa Fix e no Soma Fix devem ser realizados por meio de um participante habilitado na Bovespa.

É recomendável verificar se o título a ser adquirido possui análise de risco de crédito (mais conhecida como *rating*), feita por agências especializadas. Se tiver, é conveniente verificar na escala (ou legenda) qual a classificação que a agência conferiu ao título para aferir o nível de risco a ele atribuído. É importante considerar, contudo, que o cenário pode mudar rapidamente e as agências podem falhar na atribuição do conceito.

Como aplicar em derivativos

Derivativos são ativos financeiros cujo valor resulta (deriva), integral ou parcialmente, do valor de outro ativo financeiro (ou mercadoria) negociado no mercado à vista, podendo ser caracterizados como contratos a termo, contratos futuros, opções de compra e venda, operações de *swaps*, entre outros. (Para maiores detalhes, leia o Capítulo 5.)

Na Bovespa são negociadas opções sobre ações e para negociá-las o investidor deve se cadastrar previamente em uma sociedade corretora, a qual executará suas ordens. Os contratos de opções são contratos financeiros nos quais são negociados direitos e obrigações de compra ou de venda de um ativo objeto, no caso, ações de companhias abertas listadas em bolsa, por um determinado preço até uma data específica.

O comprador da opção, também chamado titular, sempre terá o direito do exercício. O vendedor da opção, também chamado lançador, sempre terá a obrigação do exercício. O preço do exercício é o preço pelo qual o titular exerce seu direito, ou seja, é o preço pago pelo ativo objeto, no caso de exercício de uma opção de compra, ou o preço recebido pelo ativo objeto, no caso de exercício de uma opção de venda. Já o preço da opção é chamado prêmio, e representa o valor pago pelo titular para adquirir um direito ou, em contrapartida, o valor recebido pelo vendedor para assumir uma obrigação com o titular. É importante destacar que, no mercado de opções, o titular pode perder no máximo o prêmio pago, enquanto para o lançador de uma opção os riscos são ilimitados.

Na BM&F são negociados contratos a termo, contratos futuros, opções sobre ativos à vista e sobre contratos futuros, operações de *swaps* (isto é, de troca de indicadores de referência) dentre outros. Os contratos futuros, assim como os contratos a termo, representam um acordo entre vendedor e comprador para entregar e receber certa quantidade de um ativo, por determinado preço, para liquidação em uma data futura. Para facilitar a negociação, os contratos são padronizados no que tange a suas especificações, de forma que a única variável é o preço no tempo.

A diferença entre os mercados futuro e a termo é que, no mercado futuro, as posições são sujeitas ao chamado "ajuste diário", isto é, são comparadas aos preços de fechamento dos respectivos mercados e, de acordo com tais preços, são atualizadas, efetuando-se a compensação diária de lucros e prejuízos. Graças a esse mecanismo, é possível a qualquer momento encerrar uma posição em contratos futuros, realizando-se a operação oposta àquela realizada para abrir a posição (quem vendeu, compra; quem comprou, vende). Para facilitar as atividades dos participantes, a entrega física é substituída pela liquidação financeira, a qual deve ser realizada mediante a utilização do preço do ativo subjacente, relativo ao dia de vencimento do contrato. Já no mercado a termo, as partes compradora e vendedora ficam vinculadas uma a outra até a liquidação do contrato e a entrega física da mercadoria não é incomum.

Para o pequeno investidor, a BM&F disponibiliza o Sistema de Negociação WTr (Web Trading BM&F) para operações, no mercado eletrônico (via internet e por plataforma eletrônica), de minicontratos futuros (10% do tamanho de um contrato comum) referenciados sobre o Índice Bovespa, o boi gordo e o dólar. Esse é o segmento mais acessível e adequado ao investidor pessoa física. A exemplo de outros tipos de investimento via internet, o acesso ao WTr se dá através do site de uma corretora membro da BM&F, na qual o investidor deve se cadastrar previamente à operação.

A fim de evitar risco de distorções, o preço de ajuste para equalização das posições em aberto é o próprio preço de ajuste apurado para o contrato negociado no mercado tradicional. A grande novidade do WTr é o mecanismo de pré-margem, que representa o depósito prévio de recursos para que as operações dos participantes, desde o momento de inclusão da oferta, já tenham seu risco adequadamente coberto.

Conheça as características e vantagens do Wtr BM&F

Baixo custo operacional para as corretoras no que diz respeito a:

- recebimento e execução de ordens;
- liquidação financeira;
- controle de riscos e administração de garantias.

Contratos:

- facilidade de entendimento pelo público-alvo;
- tamanho reduzido (minicontratos);
- custo de negociação fixo;
- marcação diária a mercado, padronização e liquidação financeira.

Dados os riscos inerentes aos mercados derivativos, é aconselhável que o investidor adquira conhecimento adequado previamente à operação. A partir do site da BM&F (www.bmf.com.br) é possível ter acesso a publicações e programas educacionais daquela bolsa.

CAPÍTULO 8

COMO APLICAR EM FUNDOS E CLUBES DE INVESTIMENTO

SUMÁRIO: O capítulo apresenta os principais conceitos, definições e tipologias pertinentes aos fundos e clubes de investimento. Seu objetivo é auxiliar no entendimento dos veículos de investimento, bem como no uso de ferramentas que facilitem a escolha da aplicação condizente com o perfil específico de risco e retorno definido pelo investidor.

FUNDOS DE INVESTIMENTO

Os fundos de investimento são produtos financeiros regulamentados pela CVM, a qual estabelece em normas as suas principais características, credencia as instituições aptas a administrá-los e geri-los, bem como, acompanha e fiscaliza seu funcionamento. O exercício da atividade de administração de fundos de investimento é privativo das pessoas jurídicas, financeiras ou não financeiras, devidamente credenciadas para essa função na CVM. A atividade deve ser segregada de quaisquer outras eventualmente exercidas pela instituição, a fim de evitar conflito de interesses. Para tanto, a atividade de administração de recursos de terceiros deve dispor de instalações físicas e quadro funcional exclusivos e independentes das demais estruturas da instituição, caso ela possua outras áreas de atuação. Já a distribuição de cotas de fundos é atividade privativa das instituições integrantes do sistema de intermediação (bancos, corretoras e distribuidoras). Caso a instituição administradora do fundo não integre essa categoria, deverá contratar uma instituição intermediária habilitada para realizar a distribuição de cotas de fundos sob sua administração.

Quando o investidor aplica seu dinheiro em um fundo de investimento, ele está comprando determinada quantidade de cotas, cujo valor é, diariamente, calculado com base no valor de mercado dos ativos que compõem a carteira do fundo (marcação a mercado*). A cota representa uma fração ideal do patrimônio do fundo de investimento e seu valor resulta da divisão do patrimônio do fundo pela soma de todas as cotas que foram compradas e se encontram registradas em nome dos diversos investidores. Com o intuito de assegurar total segregação entre o patrimônio do fundo de investimento e aquele da instituição administradora, cada fundo de investimento é inscrito na Secretaria da Receita Federal de forma a obter um CNPJ próprio, sob o qual são realizadas todas as operações necessárias para seu funcionamento. Em caso de eventual falência da administradora, o patrimônio dos fundos sob sua administração não integrará a massa falida e, simplesmente, os fundos terão sua administração transferida para outra instituição habilitada para tal, sem nenhum prejuízo para os cotistas.

Definição: *Fundo de investimento é uma comunhão de recursos, administrados profissionalmente por instituição credenciada pela CVM para gerir recursos de terceiros. O fundo é organizado sob a forma de condomínio, em que os cotistas possuem os mesmos objetivos de investimento, usufruem do mesmo tratamento, diferindo apenas quanto à quantidade de cotas detidas. O fundo pode ser constituído sob a forma de condomínio aberto, em que os cotistas podem solicitar o resgate de suas cotas a qualquer tempo, ou fechado, em que as cotas somente são resgatadas ao término do prazo de duração do fundo, podendo, ainda, ser negociadas no mercado secundário. Essa e todas as demais características do fundo são dispostas num documento registrado publicamente no órgão regulador, denominado regulamento.*

Vantagens: Pelo fato de captar mais dinheiro do que um pequeno ou médio investidor conseguiria individualmente aplicar, o fundo consegue diversificar suas aplicações, diminuindo a exposição de sua carteira ao risco de mercado, bem como negociar taxas mais vantajosas em diversas operações. Além disso, ele conta com gerenciamento profissional, mais capacitado tecnicamente a investir e negociar, a utilizar instrumentos mais sofisticados de gestão, como os derivativos, além de ser submetido à fiscalização do órgão regulador (CVM).

Principais documentos relativos a um fundo de investimento (devem ser entregues ao investidor quando de seu ingresso no fundo):

Regulamento: documento que é registrado em cartório e dispõe as principais características do fundo, como denominação, público-alvo, objetivo e política de investimento, taxas cobradas, tributação, serviço de atendimento ao cotista, despesas atribuíveis ao fundo, prestadores de serviços, entre outras.

Prospecto: material com linguagem menos formal relativamente ao regulamento, que apresenta como informação adicional ao regulamento os avisos obrigatórios pela CVM e Anbid e dispõe dos riscos do fundo.

Termo de adesão: documento assinado pelo cotista ao aplicar no fundo pela primeira vez, no qual declara ter recebido o regulamento e o prospecto, estar de acordo com seus termos e ter ciência dos riscos incorridos no investimento.

Público-alvo: O regulamento deve definir o tipo de investidor ao qual se destina, se público em geral, se investidores qualificados etc.

Fundo para investidor qualificado: Esse fundo possui como público-alvo pessoas físicas ou jurídicas que possuam investimentos financeiros em valor superior a R$ 300.000,00, além de instituições financeiras, entidades de previdência complementar, seguradoras, sociedades de capitalização, fundos destinados exclusivamente a investidores qualificados, administradores de carteira e consultores de valores mobiliários credenciados na CVM, em relação a seus recursos próprios. Os fundos para investidores qualificados podem dispensar a elaboração do prospecto, além de gozar de maior liberdade para determinar critérios de cobrança de taxas de administração e de performance, e para estabelecer prazos para apuração do valor da conversão de cota e para pagamento dos resgates, diferentes daqueles previstos na Instrução CVM nº 409/04.

Fundo exclusivo: os fundos classificados como "exclusivos" são aqueles constituídos para receber aplicações exclusivamente de um único cotista qualificado.

Tipos de fundos

Fundo aberto (ou fundo em condomínio aberto): aquele cujas cotas podem ser resgatadas conforme disposto no regulamento.

Fundo fechado (ou fundo em condomínio fechado): aquele cujas cotas são resgatadas somente ao término do prazo de duração do fundo, admitidas, porém, a amortização e a transferência de cotas, esta mediante termo de cessão e transferência, assinado pelo cedente e pelo cessionário, ou através de transação em bolsa de valores ou entidade de balcão organizado em que as cotas do fundo sejam admitidas para negociação. Uma de suas vantagens é ter seus rendimentos tributados apenas ao final de seu período de duração ou na transferência da cota para terceiros, evitando assim o "come cotas".

Classificação dos fundos pela CVM

A partir de 2004, todos os fundos de investimento foram efetivamente postos sob a regulamentação e fiscalização da Comissão de Valores Mobiliários, por meio da edição da Instrução CVM nº 409. Essa nova norma trouxe exigências principalmente quanto às matérias jurídico-societárias, visando assegurar maior transparência e comparabilidade entre alternativas de investimento, contemplando maior rigor na convocação das assembléias gerais, obrigando a comunicação de suas deliberações por carta a cada cotista e, dependendo do teor das decisões das assembléias, impondo carência para a entrada delas em vigor, de forma a dar tempo para a saída do cotista discordante sob as mesmas regras em que ingressou no fundo. Foram aprimoradas as regras com relação à prestação de informações e à publicidade delas, obrigando o administrador a disponibilizar prospectos, regulamentos, valores diários de cotas, informações sobre a composição das carteiras, taxas de administração e divulgação imediata de fatos relevantes.

Além do **fundo de investimento (FI)**, que investe diretamente em ativos, a referida instrução regulamenta o **fundo de investimento em cotas de fundos de investimento (Ficfi)**, que investe em cotas de outro(s) fundo(s) de investimento, administrado(s) pela mesma instituição administradora ou por outras. O intuito do Ficfi pode ser de diversificação de risco, se sua política é aplicar em vários fundos de investimento, assim como pode ser de segmentação de público-alvo, se sua política é investir em apenas um fundo de investimento, diferenciando canais de distribuição por meio de diferentes percentuais de taxa de administração, conforme limites mínimos de aplicação pré-estabelecidos.

A CVM dividiu os fundos nas seguintes classes, que se aplicam também aos fundos de investimento em cotas de fundos de investimento:

Curto prazo: são fundos que investem seus recursos exclusivamente em títulos públicos federais ou privados de baixo risco de crédito. Esses títulos podem ser de renda fixa, pós ou prefixados, e geralmente, sua rentabilidade está atrelada à taxa de juros usada nas operações entre os bancos (conhecida como taxa do CDI). Investem em papéis com prazo máximo a decorrer de 375 dias e o prazo médio da carteira é de, no máximo, 60 dias. Por essas características, são considerados os mais conservadores, indicados para investidores com objetivo de investimento de curtíssimo prazo, pois suas cotas são menos sensíveis às oscilações das taxas de juros.

Referenciados: os fundos referenciados identificam em sua denominação o indicador de desempenho que sua carteira tem por objetivo acompanhar. Para tal, devem investir no mínimo 80% em títulos públicos federais ou em títulos de renda fixa privados classificados na categoria baixo risco de crédito. Além disso, no mínimo 95% de sua carteira é composta por ativos que acompanhem a variação do seu indicador de desempenho, o chamado *benchmark**. Podem utilizar instrumentos derivativos, porém, com o objetivo exclusivo de proteção (*hedge*) e de manter a aderência da carteira ao *benchmark*. Os fundos referenciados mais conhecidos são os DI. Você provavelmente já ouviu falar deles, são fundos que buscam acompanhar a variação diária das taxas de juros no mercado interbancário (CDI), e se beneficiam em um cenário de alta de juros.

Renda fixa: aplicam uma parcela significativa de seu patrimônio (mínimo 80%) em títulos de renda fixa prefixados (que rendem uma taxa de juro previamente acordada) ou pós-fixados (que acompanham a variação da taxa de juros ou um índice de preço). Além disso, podem utilizar instrumentos derivativos com o objetivo exclusivo de proteção (*hedge*). Nos fundos de renda fixa a rentabilidade pode ser beneficiada pela inclusão de títulos que apresentem maior risco de crédito relativamente aos referenciados.

Ações: são fundos que investem no mínimo 67% de seu patrimônio em ações negociadas em bolsa ou mercado de balcão organizado. Dessa forma, estão sujeitos às oscilações de preços das ações que compõem sua carteira. Alguns fundos dessa classe têm como objetivo de investimento acompanhar a variação de um índice do mercado acionário, tal como o Ibovespa ou o IBrX. São mais indicados para quem tem objetivos de investimento de longo prazo, devido a sua maior volatilidade*.

Cambial: esses fundos devem manter no mínimo, 80% de seu patrimônio investido em ativos que sejam relacionados, direta ou indiretamente (via derivativos), à variação de preços de uma moeda estrangeira, ou a uma taxa de juros (o chamado cupom cambial). Nessa classe, os fundos mais conhecidos são os fundos cambiais dólar, que objetivam seguir a variação da cotação da moeda norte-americana.

Dívida externa: aplicam no mínimo 80% de seu patrimônio em títulos brasileiros negociados no mercado internacional. Os 20% restantes podem ser aplicados em outros títulos de crédito transacionados no exterior. Os títulos componentes de sua carteira são mantidos no exterior. Além disso, podem utilizar instrumentos derivativos transacionados no Brasil ou no exterior, com o objetivo exclusivo de proteção (*hedge*). Para o investidor no Brasil, este fundo é uma forma ágil e de baixo custo operacional para aplicar nos papéis emitidos pelo governo brasileiro negociados no exterior.

Multimercado: são fundos que possuem políticas de investimento que envolvem vários fatores de risco, pois combinam investimentos nos mercados de renda fixa, câmbio, ações, entre outros. Além disso, podem se utilizar ativamente de instrumentos derivativos para alavancagem de suas posições, para tomada de posição de risco ou para proteção de suas carteiras (*hedge*).

O fundo classificado como referenciado, de renda fixa, cambial, de dívida externa e multimercados pode, adicionalmente, ser classificado como de longo prazo quando o prazo médio de sua carteira supere 365 dias e ela seja composta por títulos privados ou públicos federais, prefixados ou indexados à taxa Selic, a índices de preço ou à variação cambial, ou, ainda, por operações compromissadas lastreadas nos referidos títulos públicos federais.

Essa classificação também se aplica aos Ficfi, que devem investir, no mínimo, 95% de seu patrimônio em cotas de fundos de investimento de sua mesma classe, à exceção dos classificados como multimercados, que podem adquirir cotas de fundos de quaisquer classes, conforme dispuser seus regulamentos.

Ainda no âmbito da CVM, são regidos por regulamentação específica, isto é, não estão incluídos na Instrução CVM nº 409/04 os seguintes fundos:

– fundos de investimento em participações (Fip); fundos de investimento em cotas de fundos de investimento em participações (Ficfip); fundos de investimento em direitos creditórios (Fidc); fundos de investimento em direitos creditórios no âmbito do Programa de Incentivo à Implementação de Projetos de Interesse Social (Pips); fundos de investimento em cotas de fundos de investimento em direitos creditórios (Ficfidc); fundos de financiamento da indústria cinematográfica nacional; fundos mútuos de privatização – FGTS (Fmp-fgts); fundos mútuos de privatização – FGTS – carteira livre Fmp-fgts-cl); fundos de investimento em empresas emergentes (fiee); fundos de índice, com cotas negociáveis em bolsa de valores ou mercado de balcão organizado; fundos mútuos de investimento em empresas emergentes – capital estrangeiro; fundos de conversão; fundos de investimento imobiliário (Fii); fundo de privatização – capital estrangeiro; fundos mútuos de ações incentivadas; e fundos de investimento cultural e artístico.

Objetivos e política de investimentos

O regulamento deverá dispor com clareza sobre os objetivos perseguidos pelo fundo (por exemplo, superar um índice de ações) e sobre a política de investimentos que será seguida para a consecução desse objetivo (por exemplo, política ativa* de replicar a carteira desse referido índice e realizar operações alavancadas com derivativos para obter o diferencial positivo pretendido). A política deve estabelecer quais ativos podem compor a carteira do fundo e em que proporção; deve estabelecer, ainda, o grau de concentração da carteira em ativos de um mesmo emissor, o limite para participação de títulos de emissão da instituição administradora e outras a ela ligadas, a natureza e os limites para a realização de operações com derivativos (proteção, posicionamento direcional e/ou alavancagem; no caso desta, quantificar a exposição do patrimônio líquido* ao risco), dentre outros. Esses dois tópicos do regulamento constituem um mandato dentro do qual o gestor poderá agir discricionariamente, não podendo ser responsabilizado por perdas se atuar dentro desses limites. Assim, se um fundo define em seu regulamento o objetivo de buscar rentabilidade de 130% do CDI, sua política de investimento poderá, por exemplo, expor a carteira aos riscos de crédito (emissores de pior qualidade creditícia colocam seus títulos a taxas de juros mais elevadas, porém, se tais emissores quebrarem, o valor de seus títulos cairá a zero, podendo prejudicar não só a rentabilidade, como o próprio patrimônio do fundo) e de alavancagem (apostas em derivativos superiores ao patrimônio do fundo que, caso se mostrem equivocadas, poderão trazer enormes prejuízos à carteira do fundo). O investidor que se tornar cotista desse fundo deve estar preparado para não só perder o capital investido como também ter de colocar mais dinheiro no fundo para cobrir perdas superiores ao patrimônio líquido, afinal, essa condição de risco deve ser explícita no regulamento, no prospecto e no termo de adesão. Não há mágica: quanto maior o retorno buscado, maior o risco incorrido.

Aplicação e resgate

Aplicação: ao efetuar uma aplicação em um fundo de investimento (após cadastro em instituição credenciada), é feita a conversão dos recursos financeiros em cotas, sendo utilizado o valor da cota do dia da efetiva disponibilidade dos recursos confiados pelo investidor ao administrador ou o valor da cota do dia posterior da efetiva disponibilidade, conforme dispuser o regulamento do fundo. As aplicações geralmente podem ser efetuadas por meio de débito em conta corrente, documento de ordem de crédito (DOC), transferência eletrônica disponível (TED) ou, ainda, através de cheque.

Resgate: ato de efetuar uma desaplicação, cujo recebimento se dará num prazo que pode variar entre zero a cinco dias (D+0 a D+5), conforme dispuser o regulamento do fundo. Em geral, o resgate pode ser realizado mediante solicitação à instituição administradora, por telefone, por fax ou até mesmo por meio eletrônico.

Valores mínimos de aplicação, resgate, movimentação e permanência: o prospecto do fundo deve informar acerca da existência, ou não, de valores mínimos aplicáveis ao investimento.

Taxas de administração, performance, ingresso e saída

Taxa de administração: valor cobrado pela instituição que administra o fundo para pagar pelos seguintes serviços prestados, direta ou indiretamente, ao fundo: a gestão da carteira do fundo; a consultoria de investimentos; as atividades de tesouraria, de controle e processamento dos títulos e valores mobiliários; a distribuição de cotas; a escrituração da emissão e resgate de cotas.

Taxa de performance: valor que pode, se disposto no regulamento, ser cobrado do fundo quando sua rentabilidade superar a de um indicador de referência (*benchmark*) compatível com a política de investimento do fundo. Sua função é remunerar uma boa performance na gestão ativa da carteira do fundo. Na maioria dos fundos, no entanto, essa taxa não é cobrada.

Taxas de ingresso e de saída: se previsto no regulamento, o fundo pode cobrar de seus cotistas um valor como taxa de entrada (destinada a cobrir despesas operacionais relativas ao início do investimento, tais como formalidades referentes ao cadastro do investidor e/ou à constituição do próprio fundo etc.) e um valor como taxa de saída (em geral, uma penalidade que objetiva desestimular o investidor a deixar o fundo). Contudo, no Brasil, a cobrança dessas taxas é muito pouco usual.

Tributação

As operações das carteiras dos fundos não são tributadas, porém, o rendimento recebido pelos cotistas está sujeito à tributação. O imposto de renda (IR) incide sobre o rendimento recebido a alíquotas que variam segundo a composição da carteira do fundo, o prazo médio dos títulos em carteira e a duração da aplicação. Assim, se a carteira do fundo for composta por, no mínimo, 67% em ações de companhias abertas, caracterizando-se como fundo de investimento em ações pelo critério estabelecido pela Secretaria da Receita Federal (SRF), a tributação se dará apenas no resgate, à alíquota de 15% sobre o ganho de capital (no caso, a diferença positiva entre a cota de resgate e a cota de aplicação). No caso das demais classes de fundos, os cotistas são tributados pelo imposto de renda na fonte no último dia útil dos meses de maio e novembro de cada ano, à alíquota de 15%, e, adicionalmente, por ocasião do resgate das cotas, aplicando-se alíquota complementar de acordo com a duração média dos títulos integrantes da carteira e conforme o prazo de aplicação, de acordo com a Tabela 8.1.

Tabela 8.1

Imposto de renda			
Permanência (dias corridos)	**Alíq. semestral (maio e novembro)**	**Alíq. complementar no resgate**	**Alíquota total**
0 até 180	15,00%	7,50 %	22,50%
181 até 360	15,00%	5,00%	20,00%*
361 até 720	15,00%	2,50 %	17,50%
Acima de 720	15,00%	0,00%	15,00%*

*Obs.: Caso a carteira de títulos apresente prazo médio inferior ou igual a 365 dias, a alíquota aplicável será a de curto prazo (22,5%).

O imposto sobre operações financeiras (IOF) incide a alíquotas decrescentes nos resgates feitos em fundos não classificados como fundos de investimento em ações, num período de até 30 dias da aplicação. O percentual desse imposto pode variar de 96% a 0%, dependendo do número de dias decorridos da aplicação, e incide sobre o rendimento do investimento, de acordo com a Tabela 8.2:

Imposto sobre operações financeiras - IOF

Tabela 8.2

Número de dias corridos da aplicação	1	2	3	4	5	6	7	8	9	10	11	12	13	14	15
% IOF sobre o rendimento bruto	96%	93%	90%	86%	83%	80%	76%	73%	70%	66%	63%	60%	56%	53%	50%
Número de dias corridos da aplicação	16	17	18	19	20	21	22	23	24	25	26	27	28	29	30
% IOF sobre o rendimento bruto	47%	43%	40%	36%	33%	30%	26%	23%	20%	16%	13%	10%	6%	3%	isento

Vale lembrar que pode incidir, ainda, a Contribuição Provisória sobre a Movimentação ou Transmissão de Valores e de Créditos e Direitos de

Natureza Financeira (CPMF), cobrada sempre que há movimentação financeira da sua conta corrente, inclusive quando esta se dá para fins de aplicação financeira, à alíquota de 0,38%. Se, porém, a movimentação se dá dentro da conta investimento, não há incidência de CPMF.

Riscos

O investimento em fundos não conta com a garantia da instituição administradora, nem com a proteção do Fundo Garantidor de Créditos (FGC). Esse alerta deve constar do regulamento e do prospecto de qualquer fundo de investimento.

Há, ainda, a possibilidade de os fundos de investimentos apresentarem perdas, ou até mesmo apresentarem rentabilidade negativa, existindo inúmeros fatores que podem concorrer para tanto. Todos os riscos incorridos pelo fundo devem constar do prospecto. A carteira dos fundos é controlada pelos administradores através de sistemas de gerenciamento de riscos, mas não há garantia de completa eliminação de possibilidade de perdas patrimoniais. Os principais riscos apresentados pelos fundos são:

Risco de mercado – possibilidade de o valor dos ativos que integram a carteira do fundo aumentar ou diminuir de acordo com as flutuações de preços e cotações de mercado, produzindo impacto negativo sobre o patrimônio do fundo.

Risco de crédito – consiste no risco de os emissores de títulos e valores mobiliários que integram a carteira do fundo não cumprirem com suas obrigações de pagar tanto o principal como os respectivos juros de suas dívidas, ou, ainda, de haver oscilações no preço de negociação dos títulos que compõem a carteira em conseqüência de alterações na avaliação do risco de crédito do emissor.

Risco de liquidez – possibilidade de o fundo não conseguir efetuar o pagamento dos resgates de cotas solicitados pelos cotistas em função de fatores que acarretem condições atípicas de mercado quanto à liquidez dos ativos que compõem a carteira do fundo e/ou devido a grande volume de solicitações de resgates.

Risco de derivativos – risco de distorção do preço entre o derivativo e seu ativo objeto, ou entre derivativos correlatos, de forma a inviabilizar estratégias perseguidas pela carteira do fundo e produzir perdas patrimoniais. Dentro desse risco destaca-se o risco de alavancagem, correspondente à possibilidade de perda superior ao patrimônio investido – o chamado risco de patrimônio líquido negativo, hipótese sob a qual o cotista perde tudo o que investiu e ainda é chamado a fazer aporte adicional para saldar perdas do fundo. A existência de risco dessa natureza no fundo deve ser destacada na capa de seu prospecto.

Risco sistêmico – possibilidade de fatores conjunturais ou de alterações estruturais da economia, doméstica e internacional repercutirem nos preços dos ativos em geral, em especial nos juros, no câmbio e nos valores mobiliários, provocando perdas para o fundo.

Risco legal – possibilidade de alterações nas normas e/ou interferência de órgãos reguladores no mercado resultarem em desvalorização dos ativos do fundo.

Direitos dos cotistas

Acesso aos documentos principais do fundo: ao ingressar no fundo o cotista deve receber o regulamento e o prospecto correspondentes.

Acesso ao serviço de atendimento ao cotista (SAC): serviço obrigatório mantido pelo administrador, responsável pelo esclarecimento de dúvidas e pelo recebimento de reclamações.

Participação na assembléia geral de cotistas (AGC): é a reunião para a qual são convocados todos os cotistas para deliberar sobre assuntos de sua exclusiva competência, a saber: (i) as demonstrações contábeis apresentadas pelo administrador; (ii) a substituição do administrador, do gestor ou do custodiante do fundo; (iii) a fusão, a incorporação, a cisão, a transformação ou a liquidação do fundo; (iv) o aumento na taxa de administração; (v) alteração da política de investimento do fundo; (vi) amortização de cotas; e (vii) alteração do regulamento do fundo.

Acesso a informações regulares e extraordinárias (divulgadas de forma equânime entre todos os cotistas da forma definida em regulamento):

Diariamente: valor da cota e do patrimônio líquido do fundo;

Mensalmente: (i) extrato de conta enviado a cada cotista, exceto se expressamente dispensado pelo interessado, com saldo e valor das cotas no início e no final do período, movimentação no mesmo e rentabilidade auferida; (ii) balancete, perfil mensal e demonstrativo da composição e diversificação da carteira com a identificação das operações, quantidade, valor e o percentual sobre o total da carteira. Essa divulgação se dará no prazo máximo de dez dias após o encerramento de cada mês, e poderá ser postergada por até 90 dias, no que tange à abertura de posições ou operações em curso, caso tal divulgação no prazo regular possa prejudicar interesses do fundo.

Anualmente: demonstrações contábeis acompanhadas do parecer do auditor independente, divulgadas no prazo máximo de 90 dias após o encerramento do exercício social.

Fato relevante: qualquer ato ou relativo ao fundo que possa, direta ou indiretamente, influir na decisão do cotista quanto a sua permanência no fundo, deverá ser divulgado, ampla, obrigatória e imediatamente.

Prestadores de serviços do fundo

Vários prestadores de serviços concorrem para o funcionamento regular de um fundo de investimento. Todos devem estar devidamente credenciados nos respectivos órgãos reguladores e devem ser identificados no regulamento e/ou no prospecto, conforme o caso.

Administrador: a administração do fundo compreende o conjunto de serviços relacionados direta ou indiretamente ao funcionamento e à manutenção do fundo (a saber, a gestão da carteira do fundo; a consultoria de investimentos; as atividades de tesouraria, de controle e processamento dos títulos e valores mobiliários; a distribuição de cotas; a escrituração da emissão e resgate de cotas), que podem ser prestados pelo próprio administrador ou por terceiros por ele contratados, em nome do fundo.

Gestor: gestão da carteira do fundo é a gestão dos ativos dela integrantes, desempenhada por pessoa natural ou jurídica credenciada na CVM para esse fim. O gestor dispõe de poderes para negociar, em nome do fundo de investimento, os referidos ativos.

Distribuidor: instituição integrante do sistema de intermediação (banco, corretora ou distribuidora) habilitada a colocar (vender) as cotas do fundo.

Custodiante: instituição credenciada pela CVM para prestar serviço de custódia (guarda e controle) dos títulos e valores mobiliários que compõem a carteira do fundo.

Auditor: prestador independente, credenciado pela CVM, responsável por auditar anualmente as demonstrações contábeis do fundo.

Outros prestadores de serviços: consultoria de investimentos; atividades de tesouraria, de controle e processamento dos títulos e valores mobiliários; a escrituração da emissão e resgate de cotas; classificação de risco por agência especializada constituída no país.

A Associação Nacional dos Bancos de Investimento (Anbid) e o código de auto-regulação da indústria de fundos de investimento

A Associação Nacional dos Bancos de Investimento (Anbid) é uma entidade que representa a maioria das instituições financeiras que operam no mercado de capitais (bancos de investimento e bancos múltiplos com carteira de investimento).

A Anbid tem uma atuação muito próxima dos administradores de fundos de investimento, tendo sido esse o motivo que a levou a estabelecer, ainda no ano 2000, um código de auto-regulação para o segmento de fundos de investimento, que recebeu sua primeira atualização em 2005. Esse código foi instituído a partir da percepção de que os administradores não devem se limitar a apenas obedecer à legislação criada pelo governo, mas ir além, elaborando normas que, uma vez seguidas por todos, melhorem o nível de suas atividades, aumentem a transparência (evitando a concorrência desleal) e a comparabilidade entre alternativas de investimento similares e proporcionem maior proteção ao investidor.

Além do código de auto-regulação, a Anbid realizou um trabalho de classificação dos fundos existentes no mercado, para prover uma segmentação dos vários tipos de fundos do mercado brasileiro em "famílias" distintas, de forma a possibilitar a comparação entre os fundos que compõem cada família.

Classificação Anbid para fundos de investimento

Classe CVM	Classe Anbid	Tipo Anbid	Principais fatores de risco
Curto Prazo	Curto Prazo	Curto Prazo	DI/SELIC
Referenciado	Referenciados	Referenciado DI Referenciado Outros	Indexador de Referência
Renda Fixa	Renda Fixa	Renda Fixa Renda Fixa Crédito Renda fixa Multi-índices Renda fixa com Alavancagem	Juros Juros + Crédito Juros + Crédito + Ind. de preços Juros + Crédito + Ind. de preços + Alavancagem
Multimercado	Multimercados	Balanceados Multimercados Sem RV Multimercados Com RV Multimercados Sem RV Com Alavancagem Multimercados Com RV Com Alavancagem Capital Protegido	Diversas Classes de ativos
Dívida Externa	Investimento no Exterior	Investimento no Exterior	Títulos da dívida externa e taxa de câmbio
Ações	IBOVESPA	Ações IBOVESPA Indexado Ações IBOVESPA Ativos	Índice de Referência
		Ações IBOVESPA Ativo Alavancado	Índice de Referência + Alavancagem
	IBX	Ações IBX Indexado Ações IBX Ativo	Indexador referência
		Ações IBX Ativo Com Alavancagem	Índice de Referência + Alavancagem
	Ações Setoriais	Ações Setoriais Telecomunicações Ações Setoriais Energia	Risco do Setor
	Ações Outros	Ações Outros	–
		Ações Outros Com Alavancagem	Alavancagem
Cambial	Cambial	Cambial Dólar Indexado Cambial Euro Indexado Cambial Dólar Sem Alavancagem	Moeda de Referência
		Cambial Dólar Com Alavancagem	Moeda de Referência + Alavancagem
		Cambial Outros Sem Alavancagem	Variação das moedas
		Cambial Outros Com Alavancagem	Variação das moedas + Alavancagem

Fonte: Anbid

Quadro 8.1

A Anbid subdividiu ainda os fundos em tipos de fundos, que levam em conta não só sua política de investimento, mas também seus fatores de risco. Veja no Quadro 8.1 as características da classificação Anbid e sua relação com aquela estabelecida pela CVM.

O *site* da Anbid, disponibiliza gratuitamente, com pequena defasagem temporal, uma ferramenta muito útil para auxiliar o investidor na escolha de um fundo de investimento. Trata-se de uma tabela com as características e estatísticas financeiras dos fundos, cujos administradores fazem parte da Associação Nacional dos Bancos de Investimento. Veja, a seguir, como é simples consultá-la.

A tela abaixo é acessada pelo link:

http://novosite.anbid.com.br/institucional/servlet/CalandraRedirect?temp=5&proj=ANBID&pub=T&comp=sec_FUNDOS_DE_INVESTIMENTO&db=CalSQL2000&docid=9845D2D377AF903683256E300062C481

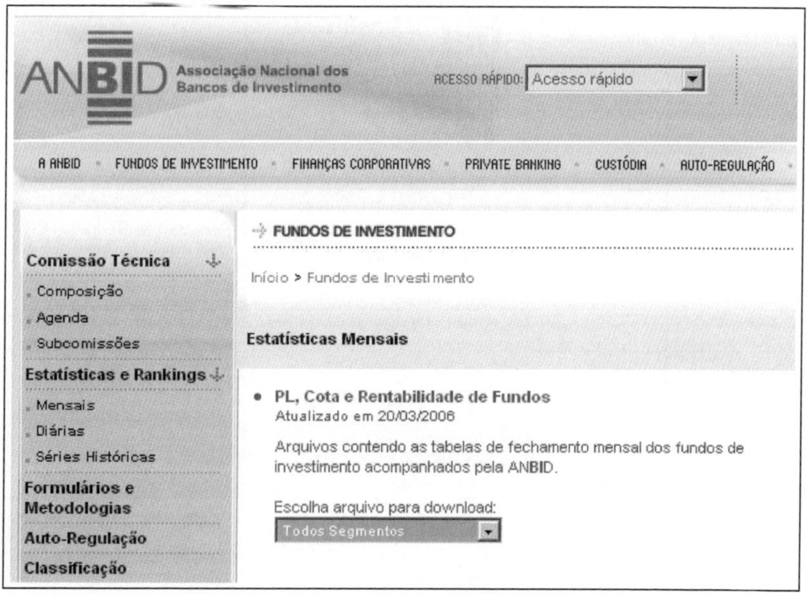

A Tabela 8.3, disponibilizada pela Anbid e ilustrada a seguir, contém as seguintes informações:

Fundo: denominação do fundo e código Anbid.

Administrador: administrador do fundo.

Carência*: se o fundo possui liquidez diária.

PL: patrimônio líquido do fundo.

Cota: valor da cota (1 unidade).

Rentabilidade mês e ano: rentabilidade mensal e anual já deduzida a taxa de administração.

Taxa adm: taxa de administração anual.

FI/FIC/FF: fundo de investimento/fundo de investimento em cotas/fundo para fundos

exclusivo: se o fundo possui apenas um cotista

Previdência: sim ou não

Cota abertura: sim ou não

Tabela de fundos – Curto prazo

Fev/2006

Tabela de Fundos
Curto Prazo

Fundo	Administrador	Carência	PL (R$1.000)	Cota R$	Rentabilidade Mês	Rentabilidade Ano	Taxa Adm	FI/FC/FF	Exclusivo	Previdência	Cota Abert
ABN AMRO FI CURTO PRAZO SOBERANO (9568)	ABN AMRO REAL	-	35.747,06	187,0029432	1,11	2,50	0,5	FI	N	Não	S
ABN AMRO FIQ CP NEDERLAND CONSERVADOR (114	ABN AMRO REAL	-	16.762,81	131,2902728	1,13	2,56	0,15	FC	S	Não	S
ABN AMRO FIQ FI CURTO PRAZO MAXCOTE (11632)	ABN AMRO REAL	-	772,20	107,0941951	1,10	2,44	0,5	FC	S	Não	S
ABN AMRO FIQ FI CURTO PRAZO NEUTRON (10838);	ABN AMRO REAL	-	10.741,07	110,0085500	1,07	2,42	1	FC	S	Não	S
BANDEPE FI CURTO PRAZO AUTOMATICO (1751)	ABN AMRO REAL	-	36.778,85	144,7663965	1,13	2,56	0,1	FI	N	Não	S
BANDEPE FI CURTO PRAZO INVESTFORTE (8760); (I	ABN AMRO REAL	-	23.369,61	3,0827390	0,78	1,78	5	FI	N	Não	S
BANESPA SUPER FIC FI CP DIAMANTE (8517)	BANESPA	-	602.106,69	1,6549605	0,79	1,79	5	FC	N	Não	S
BANESPA SUPER FIC FI CP LIQUIDEZ (8516)	BANESPA	-	74.493,60	1,9020266	1,08	2,44	1	FC	N	Não	S
BANESPA SUPER FIC FI CURTO PRAZO TOPAZIO (85	BANESPA	-	103.920,00	1,7777371	0,97	2,19	2,5	FC	N	Não	S
BB ATACADO CURTO PRAZO FI CP (4142); (4239)	BB	-	140.400,01	3,4267130	1,14	2,58	0,1	FF	N	Não	N
BB CP 50 MIL FICFI (4522)	BB	-	889.369,65	1,7830001	1,07	2,43	1	FC	N	Não	S
BB CP ADM. DIF. FUNDO DE INVESTIMENTO C (885)	BB	-	1.109.692,95	1,1873943	1,10	2,50	0,5	FC	N	Não	S

Tabela 8.3

Clube de investimento

O clube de investimento é um condomínio, isto é, uma propriedade conjunta constituída por pessoas físicas que têm como objetivo aplicar seus recursos em títulos e valores mobiliários, emitidos por companhias, por bancos e pelo governo. É, portanto, uma forma de investimento coletivo, apresentando vantagens relativamente à aplicação individual, seja pela redução de custos (em virtude do rateio destes entre os participantes), seja pelo profissionalismo da gestão que conta com a assessoria de uma corretora de valores, seja pela possibilidade de diversificar investimentos (pela regra de "não colocar todos os ovos na mesma cesta"). Assim, como os fundos de investimento, os clubes de investimento também dispõem de CNPJ próprio, apresentando, dessa forma, maior segurança ao investidor quanto à segregação do patrimônio do clube da instituição administradora.

O grande diferencial e vantagem dos clubes em relação aos fundos de investimento reside na possibilidade de seus membros participarem da gestão da carteira do clube, sob a supervisão profissional da corretora, que deve, adicionalmente, manter controle das operações do clube, da composição da carteira de acordo com as normas aplicáveis, da custódia dos ativos e da posição individual de seus membros. Em outras palavras, enquanto no fundo de investimento a participação do investidor na gestão é nenhuma, no clube de investimento essa participação nas decisões de investimento pode ser direta e ativa, constituindo uma oportunidade ímpar de aprendizado sobre como investir no mercado, se o participante assim optar. Essa participação na gestão não pode ser objeto de remuneração. É possível, contudo, contratar um profissional para gerir a carteira do clube, desde que seja credenciado na CVM para administrar recursos de terceiros.

Sua constituição é feita mediante aprovação e assinatura do estatuto social por parte dos participantes, documento no qual são fixados os princípios e as regras de funcionamento, de acordo com a legislação e com o Regulamento de Registro dos Clubes de Investimento da Bovespa (Resolução do Conselho de Administração da Bovespa nº 303/05). Todos os participantes que ingressarem no clube, após sua constituição, deverão aderir ao estatuto social.

Um clube de investimento também pode ser constituído para viabilizar a participação de empregados de empresas que estejam em processo de privatização ou que tenham estabelecido algum procedimento de oferta de ações a seus empregados.

O patrimônio do clube de investimento é dividido em cotas que são adquiridas pelos participantes. O valor da cota é idêntico para todos os participantes e varia de acordo com o rendimento das aplicações efetuadas. De acordo com as normas, cada clube deve contar com no mínimo três e no máximo 150 participantes, limite que pode ser excedido caso admita, exclusivamente, funcionários de uma determinada empresa. Adicionalmente, nenhum participante poderá deter mais do que 40% do patrimônio do clube.

O membro do clube recebe mensalmente extrato com a movimentação da carteira, valor de patrimônio líquido, quantidade de cotas, valor de cotas, rendimento e participação.

Para resgatar seus recursos, o cotista solicita à corretora ou transfere sua cota a terceiros, que terá a conversão da cota em D+1 e o pagamento será efetivado em D+4.

CAPÍTULO 9

ANÁLISE DE INVESTIMENTO

SUMÁRIO: Este capítulo explica o que é análise de investimento e suas técnicas e níveis, com ênfase na análise fundamentalista.

Os administradores de recursos contam com o trabalho do analista de investimento para escolher as melhores opções de investimento. Esse profissional desenvolve uma importante atividade no mercado de capitais: a análise de investimento. Resultam desse trabalho as recomendações de compra e venda de títulos e valores mobiliários.

Dada a crescente complexidade do mercado de capitais e o processo de globalização financeira, os analistas acabam se especializando, por técnica de análise (fundamentalista ou gráfica), por nível de análise (macroeconômica, setorial ou de empresas), por tipo de ativo financeiro (renda fixa ou variável) ou ainda por destino da análise (administração de recursos ou corretagem). A seguir, serão feitos comentários sobre algumas dessas especialidades.

TÉCNICAS DE ANÁLISE DE INVESTIMENTO

Existem duas técnicas básicas de análise de investimento, fundamentalista e gráfica, esta última também chamada de técnica pelo mercado. No primeiro tipo, a recomendação de investimento parte dos resultados da análise dos fundamentos macroeconômicos, setoriais e econômico-financeiros da companhia emissora. No segundo tipo, o analista estuda o comportamento histórico do preço e volume negociado do ativo financeiro em questão, para traçar tendências de comportamento de preço. O Gráfico 9.1 ilustra a análise gráfica. Observe que, com as informações do comportamento da cotação diária (*candle* na legenda), foram traçadas linhas de tendência, com média móvel de 21 dias ou de 60 dias.

Análise gráfica de ações: Vale do Rio Doce - ON

GRÁFICO 9.1

Fonte: Economática (www.economatica.com.br)

Embora existam debates sobre a eficiência de cada uma das técnicas, elas podem ser consideradas complementares. Por exemplo, o analista estuda o setor e a situação econômico-financeira da companhia para fazer uma recomendação de investimento. Seu trabalho é completado com a "sintonia fina" da análise gráfica, que apontaria o melhor momento de compra ou venda.

Todavia, a análise fundamentalista é considerada imprescindível para a maior parte dos administradores de recursos e gestores de investimento.

Já a análise gráfica é considerada uma especialidade, servindo como ferramenta complementar. Assim, a partir deste ponto, apenas a análise fundamentalista será abordada.

Nível da análise de investimento

Para fazer a análise fundamentalista de investimento, o mais comum é partir de um cenário macroeconômico (incluindo fatores políticos), depois analisar os diversos setores da economia, para chegar ao emissor dos títulos e valores mobiliários (governo e empresas). O mercado chama esse procedimento de análise *top-down*, ou seja, do alto para baixo, do geral para o específico.

Existe também o procedimento inverso, chamado de *bottom-up*, que consiste em analisar diretamente a situação das companhias e seus valores mobiliários, para depois tirar conclusões sobre setores e conjuntura econômica. No entanto, pode afirmar-se que esse método é pouco usual, assumindo caráter complementar.

Análise de investimento fundamentalista

Porque análise *Top Down*?

- Porque a inserção externa do Brasil, comercial e financeira, o torna dependente do cenário internacional.
- Porque a conjuntura setorial depende dos aspectos macroeconômicos.

Top Down

Cenário Internacional
Cenário Doméstico
Setores Econômicos
Empresas

Quadro 9.1

A análise política e macroeconômica é fundamental para a montagem de cenários econômicos, a partir dos quais são desenvolvidas as estratégias de investimento. Por exemplo, a análise do perfil de um novo governo permite traçar cenários sobre contas públicas e sobre a necessidade de financiamento do setor público, essa tendo impacto no comportamento futuro da taxa de juros que, por sua vez, tem implicações na decisão de investir em renda fixa ou variável.

Quanto à análise setorial, ela é fundamental para identificar setores promissores e setores desfavoráveis, em um determinado horizonte de investimento. A análise setorial levanta e prospecta vários aspectos dos setores econômicos ou cadeias produtivas, como pode ser visto no Quadro 9.2.

Análise de investimento fundamentalista – Análise setorial

Quadro 9.2

Análise setorial

- Estrutura de mercado.
- Grau de desnacionalização.
- Abertura comercial.
- Encadeamentos para frente e para trás.
- Necessidade de desenvolvimento tecnológico.
- Agências de regulação.
- Principais indicadores conjunturais.
- Cenários setoriais.

Finalmente, dentro da lógica *top-down*, definido o cenário setorial chega-se à análise econômico-financeira da companhia emissora dos títulos e valores mobiliários, também chamada de análise de empresas.

Essa análise serve para selecionar ações de companhias abertas com maior potencial de valorização, estimar a capacidade de pagamento de emissores de renda fixa e subsidiar operações de fusões, aquisições e privatização.

A análise de empresa é feita por meio da análise das demonstrações financeiras da companhia, projeções de resultados e de geração de caixa.

Para comparar empresas ou analisar o desempenho de uma única companhia ao longo do tempo, analistas e acadêmicos desenvolveram índices financeiros, que podem ser divididos em quatro grupos básicos:

a) estrutura de capital ou endividamento;
b) liquidez;
c) rentabilidade;
d) avaliação de ações ou indicadores de mercado.

A seleção dos índices financeiros depende dos ativos e/ou operações a ser analisados. Por exemplo, no caso da emissão de títulos de renda fixa, indicadores dos grupos "a" e "b" são os recomendados. Já a análise com vistas a selecionar ações para a composição de um fundo de investimento terá como foco o estudo de indicadores dos grupos "c" e "d", especialmente este último.

O Quadro 9.3 apresenta alguns dos mais importantes índices de mercado.

O valor da firma/EBITDA indica o prazo de retorno do capital total (próprio e de terceiros) medido pelo potencial de geração de caixa operacional. O valor da firma é calculado pela soma do valor de mercado da companhia com o endividamento líquido. Já o EBITDA é uma sigla em inglês (Lajida, em português) que corresponde ao lucro antes dos juros, imposto de renda, depreciação e amortização.

O índice P/L representa o prazo de retorno do capital aplicado na aquisição de ações no mercado, se fosse mantido o lucro anual histórico ou projetado. Quanto menor o prazo de retorno, relativamente à média do mercado, mais "barata" estaria a ação, sendo maior seu potencial de valorização. Contudo, é preciso tomar cuidado: às vezes o índice P/L está baixo em relação aos índices de outras companhias, mas o risco de a projeção de lucro não se realizar é grande.

Finalmente, existem outros indicadores secundários, como a relação preço/VPA que mede a relação entre o valor de mercado da ação e seu valor contábil. Trata-se de uma medida secundária que não captura o potencial da companhia, mas serve como uma "fotografia" de como o mercado valoriza a companhia em comparação com seu capital próprio e reservas acumuladas.

Análise de investimento fundamentalista – Principais indicadores

Renda variável: Principais indicadores de mercado

Indicador	Características
Valor da firma/ Ebtida	• Múltiplo mais relevante • Elimina as diferenças contábeis • Elimina itens não-operacionais
Preço da ação/ Lucro líquido por ação (P/L)	• Muito utilizado • Sujeito a distorções contábeis e não-operacionais
Preço da ação/ Valor patrimonial da ação (P/VPA)	• Medida secundária • Não captura lucratividade

Quadro 9.3

CAPÍTULO 10

COMO ACOMPANHAR O INVESTIMENTO

Sumário: Este capítulo tem por objetivo orientar o investidor quanto às maneiras de obter informações sobre o desempenho de sua aplicação.

Acompanhamento das ações

Se o investidor optou por comprar diretamente ações, é fácil acompanhar o investimento: basta abrir o jornal na seção de economia/finanças e procurar a cotação da ação adquirida. As cotações das principais ações também são divulgadas diariamente no rádio e na televisão. Outra maneira é entrar no site da Bovespa (www.bovespa.com.br), no qual as cotações são permanentemente atualizadas.

Muitas vezes o investidor ouve que "a bolsa está subindo", mas se surpreende com o desempenho inverso da ação que adquiriu. A razão é que o comportamento geral da bolsa é medido por índices, que mostram o comportamento médio da evolução dos preços das ações. No Brasil, o mais famoso desses índices é o Índice da Bovespa (Ibovespa), que mede o comportamento médio das ações mais negociadas na Bovespa. O Ibovespa foi criado em 1968 e não mudou sua metodologia, sofrendo apenas ajustes periódicos em sua carteira teórica* para refletir sempre a cesta das ações mais negociadas. Assim, a ação do investidor em questão pode estar caindo, enquanto o comportamento geral do mercado, medido pelo Ibovespa, é de alta.

Além do Ibovespa existem outros índices voltados para setores ou segmentos específicos, e o investidor deve se informar sobre a metodologia de cada um para fazer comparações adequadas. (Veja Capítulo 5).

Clubes – Os relatórios dos administradores e o suporte da Bovespa

A principal maneira de acompanhar os resultados do clube é a leitura do extrato mensal enviado pelo administrador, no qual constam:

I. o desempenho (valorização ou desvalorização) do clube de investimento no mês anterior;

II. a posição patrimonial do clube de investimento e de cada membro em particular.

Fundos de investimento – Os relatórios dos administradores e as informações da imprensa especializada

Como os pequenos investidores dificilmente conhecem uma equipe gestora de fundos, a recomendação é observar o desempenho dos fundos. É importante lembrar, contudo, que o desempenho passado não garante o desempenho futuro. Os jornais especializados publicam diariamente o desempenho (diário, mensal ou anual) de uma imensa gama de fundos. Basta comparar o fundo onde o investidor fez sua aplicação com outros da mesma categoria. É importante lembrar que se o fundo é referenciado (ou seja, tem uma meta a atingir), o que se espera é que sua rentabilidade esteja próxima da referência escolhida, como por exemplo o CDI em fundos de renda fixa ou o Ibovespa em fundos de ações.

Os administradores dos fundos também enviam a seus cotistas informações periódicas sobre desempenho, na forma de extrato de investimentos, além de publicar tal desempenho em material publicitário para o público investidor em geral. É preciso, contudo, tomar cuidado para verificar se não houve uma "seleção" de bons períodos de rentabilidade ou uma comparação apenas parcial com outros fundos semelhantes. Finalmente, também são realizados *rankings* de fundos de investimentos pela imprensa ou instituições especializadas. Ao consultar esses trabalhos, o investidor/cotista deve estar atento à metodologia utilizada. (Veja Capítulo 8.)

Sites financeiros – explicações do funcionamento e como se cadastrar

Com o desenvolvimento da internet, surgiu a possibilidade de se investir por esse meio em ações e em outros valores mobiliários do mercado de capitais. Para tanto, existem sites ligados a corretoras independentes e ligados a grandes grupos financeiros, além de portais financeiros especializados em finanças e a possibilidade de operar via internet. Em sua maior parte, é possível encontrar diversas modalidades de investimento, desde a aplicação em fundos de investimento até a aquisição de títulos da instituição financeira (como CDBs e RDBs) e a aquisição de ações. Cada site tem a própria lista de serviços específicos, informações disponibilizadas e forma de cadastro do investidor. Alguns procedimentos de cadastramento e informações são, entretanto, legalmente exigidos antes do início da operação, como a necessidade de envio de cópia do RG e CPF posteriormente ao registro no site e um termo de adesão do investidor de que lhe foram disponibilizados regulamentos dos serviços a ser prestados.

CAPÍTULO 11

LIDANDO COM RISCOS E BUSCANDO PROTEÇÃO

Sumário: Quais são os riscos do mercado de capitais? Risco de mercado, operacional, legal e de crédito. Noções de hedge *(proteção) contra riscos. A quem recorrer.*

Riscos do mercado de capitais

Como já foi abordado no Capítulo 8 (fundos de investimento), existem riscos de várias naturezas, podendo destacar-se quatro grandes categorias de risco:

1º. risco de mercado;
2º. risco operacional;
3º. risco legal;
4º. risco de crédito.

O primeiro risco relaciona-se a mudanças abruptas nas condições de mercado das principais variáveis, como as taxas de câmbio e de juros, nos preços dos ativos e no nível de liquidez dos negócios. Para mitigá-lo, há uma série de instrumentos derivativos nos quais é possível buscar proteção, como exposto a seguir.

O risco operacional refere-se a falhas internas dos participantes do mercado com relação a sistemas, controles e práticas de gestão. Tais riscos são minimizados pela manutenção de estruturas duplicadas para funcionamento dos sistemas (*site backup*), duplos filtros de controle, auditorias interna e externa, atividades de verificação de conformidade com as normas, etc.

Os riscos legais referem-se à possibilidade de não cumprimento da regulação e mudanças nesta, inclusive quanto à tributação. Esses riscos são parcialmente cobertos por mecanismos de controle de conformidade com as normas (*compliance*).

Finalmente, o risco de crédito relaciona-se à possibilidade de emissores ou de uma das partes envolvidas na negociação de títulos não cumprirem com suas obrigações na liquidação das operações. Mecanismos tais como seguro de crédito e estruturas de garantia podem dirimir esse risco.

Os riscos operacional, de mercado e de crédito são permeados pelo risco de concentração, decorrente de parca ou nenhuma diversificação das aplicações.

No caso dos fundos de investimento, todos os riscos incorridos pelo cotista estão destacados em seção própria do documento Prospecto (veja Capítulo 8).

Uso de derivativos na função de *hedge*

O *hedge* pode ser entendido como um seguro contra o risco de mercado, especificamente no que se refere ao preço. Para se proteger contra o risco de preço, o agente econômico atuante no mercado físico de uma mercadoria (ou no mercado à vista de um ativo financeiro) assume no respectivo mercado futuro uma posição igual e inversa àquela que mantém no mercado à vista. Como os movimentos nos mercados à vista e futuro tendem a ser paralelos e seus preços se encontram quando do vencimento do contrato futuro, o ganho auferido em um mercado compensa a perda obtida no outro, permitindo ao agente fixar antecipadamente sua remuneração.

Em outras palavras, *hedge* é a operação realizada no mercado futuro que visa fixar antecipadamente o preço de uma mercadoria ou ativo de forma a neutralizar o impacto de mudanças adversas no nível de preços do mercado à vista. Para realizar essa proteção, o agente econômico sujeito ao risco de preço no mercado à vista deve realizar hoje, no mercado futuro, a operação que realizará futuramente no mercado à vista. O preço obtido na sua posição de entrada no mercado futuro será o preço que estará garantido ao final de toda a operação.

Por exemplo:

No dia 15 de março, o produtor de um bem "x" faz a previsão de produzir 100 "x" em 90 dias e avalia que seu objetivo de preço é R$ 9,00 por "x". Ao acompanhar o mercado futuro desse bem "x", ele observa que o contrato futuro de "x", para vencimento em 15 de junho, está cotado a R$ 10,00, preço que lhe interessa fixar, porque é superior a seu objetivo. Avaliando esse preço como desejável, o produtor vende, em 15 de março, a quantidade de contratos futuros padronizados de "x", para vencimento em junho, suficiente para representar a sua produção prevista. Assim, se o contrato-padrão é de 10 "x", ele vende 10 contratos, de forma a cobrir sua produção esperada de 100 "x". Em 15 de junho, o preço à vista e o preço futuro serão o mesmo. Se, por hipótese, o preço do bem "x" estiver cotado a R$ 7,00, o produtor venderá sua produção auferindo receita de apenas R$ 700,00, mas encerrará sua posição no mercado futuro com ganho de R$ 300,00 (pois vendeu a R$ 10,00 um bem que pode ser comprado a R$ 7,00), obtendo o resultado total de R$ 1.000,00.

Se, ao contrário, o preço do bem "x" estiver cotado a R$ 13,00, o produtor obterá ganho de R$ 1.300,00 na venda de sua produção e realizará prejuízo de R$ 300,00 no mercado futuro (pois vendeu a R$ 10,00 um bem que pode ser comprado a R$ 13,00), totalizando na operação os mesmos R$ 1.000,00, equivalentes a R$ 10,00 por "x", preço estabelecido em sua entrada no mercado futuro. Em resumo, ao fazer o *hedge*, o produtor segurou a R$ 10,00 o preço de "x", abrindo mão de um eventual lucro extraordinário que obteria ao vendê-lo por R$ 13,00, mas se livrando do prejuízo de vendê-lo a R$ 7,00.

Além do mercado futuro, que é negociado na BM&F, o *hedge* também pode ser realizado por meio de operações em outros mercados derivativos, como o mercado a termo e o mercado de opções, esses negociados também na Bovespa. Em todos eles são negociados contratos padronizados de mercadorias ou ativos financeiros; no mercado a termo e no futuro são exigidas margens de garantia para manutenção de posições abertas no mercado.

Para fazer o *hedge* no mercado a termo, o produtor contrata a venda de sua produção para uma data futura, a um determinado preço e efetivamente leva a operação até a liquidação. No termo, comprador e vendedor têm interesse em levar a operação até seu final. A diferença entre a operação no mercado a termo e naquele futuro é que nesse último é realizado o ajuste diário de lucros e perdas em relação ao preço de fechamento do mercado, o que permite a entrada e a saída de participantes a qualquer momento, dispensando a necessidade de levar o contrato até seu prazo de vencimento. Isso resulta em maior liquidez ao mercado e melhores condições de alavancagem* (menores margens de garantia em relação à posição assumida), pois há a certeza de que todos os que estão com posições encontram-se adimplentes quanto a suas obrigações.

Já para fazer *hedge* no mercado de opções, o produtor pode, mediante o pagamento de um prêmio, comprar uma opção de venda que lhe assegura o direito de vender sua produção a um determinado preço para exercício em ou até uma determinada data futura e, ao mesmo tempo, vender (lançar) uma opção de compra, mediante o recebimento de um prêmio, vendendo a um terceiro o direito de comprar sua produção ao mesmo determinado preço para exercício em ou até a mesma determinada data. Com essas duas posições, compradora de opção de venda e lançadora (vendedora) de opção de compra, o produtor assegura a venda de sua produção ao preço de exercício fixado por meio das opções.

O mercado de opções é muito utilizado para o *hedge* de carteira de ações.

Se o produtor ou investidor se livrou do risco de preço da mercadoria ou do ativo financeiro, alguém assumiu esse risco. Esse alguém é o chamado especulador. O especulador assume o risco da variação de preços da mercadoria ou ativo financeiro visando a realizar lucro e difere do jogador por assumir um risco preexistente na economia. Assim, se tem expectativa de alta dos preços, o especulador compra contratos futuros; se sua expectativa é de baixa, assume posição vendedora naquele mercado. O especulador pode, também, realizar concomitantemente compra e venda de vencimentos futuros diferentes visando aproveitar diferencial de preços distorcidos, operando o *spread* ou, ainda, realizar uma compra e uma venda não simultâneas para o mesmo vencimento, na mesma sessão de negociação, executando o *day trade*.

O especulador tem, portanto, a importante função de propiciar a transferência de risco e prover liquidez no âmbito do mercado. Sua ação é saudável ao mercado e não se confunde com manipulação, que é a compra ou a venda de ativos em mercado com a finalidade de criar falsa aparência de negociação ativa e, assim, influenciar a ação dos demais investidores. As bolsas monitoram as negociações de forma a impedir a manipulação, a qual é sujeita a penalidades administrativas e até criminais.

A QUEM RECORRER QUANDO SE SENTIR PREJUDICADO?

O ideal é que o investidor tenha plena consciência de seus direitos, seja por meio de cursos, seja pelo apoio de especialistas ou da literatura sobre o tema.

Algumas vezes ocorrem fatos que levam o investidor a suspeitar (ou ter certeza) de que houve uma situação irregular, em seu prejuízo. Pode ser uma fraude, como, por exemplo, falsos intermediários financeiros. Pode ter ocorrido um erro no sistema operacional do intermediário, sem má-fé. Pode ter ocorrido extraordinária oscilação no preço do ativo, que levanta a possibilidade de manipulação do mercado. Pode ainda haver a suspeita de que determinados investidores tiveram acesso a informação privilegiada. Enfim, existem situações que precisam ser investigadas e/ou corrigidas.

Em primeiro lugar, o investidor deve fazer sua reclamação na instituição financeira que intermediou sua operação. Se o atendimento não for satisfatório, o investidor deve procurar outras instâncias, como as bolsas nas quais ocorreram as negociações.

A Bovespa criou a função de *ombudsman* do mercado em sua estrutura organizacional exatamente para atender, de forma adequada, a consultas, queixas e reclamações de investidores, relacionadas com o processo de negociação, custódia e liquidação de operações realizadas na bolsa. O *ombudsman* pode ser acessado pelo telefone 0800-770-0149 ou pelo *e-mail* ombudsman@bovespa.com.br.

Se não houver resposta satisfatória nas bolsas ou o problema não for da esfera de negociação, o investidor deve procurar a CVM, que mantém uma Superintendência de Proteção ao Investidor (SOI), e registrar sua queixa por telefone (0800 241616) ou *e-mail* soi@cvm.gov.br. Atenção: a CVM pode ser procurada a qualquer momento!

CAPÍTULO 12

PREVIDÊNCIA COMPLEMENTAR

Sumário: Neste capítulo são discutidas as opções da previdência complementar ou alternativa à previdência pública. Será também explicada a relação entre a previdência complementar e o mercado de capitais.

Administradores e órgãos fiscalizadores

Como é de conhecimento geral, a previdência pública tem um teto de benefícios no caso dos trabalhadores em regime CLT e foi reformada no caso dos servidores públicos no sentido de futura redução dos benefícios. Tendo isso em consideração e o fato de que muitos trabalhadores são autônomos ou estão no mercado informal, abriu-se espaço para o crescimento da previdência complementar.

Existem dois grupos básicos de previdência complementar: a fechada e a aberta, ambas disciplinadas pela Lei Complementar nº 109/01. No primeiro caso, trata-se de entidades de previdência constituídas por empresa(s) patrocinadora(s) que oferece(m) esse benefício a seus funcionários, fazendo contribuições para o patrimônio da entidade junto com os empregados. Popularmente, são os chamados fundos de pensão ou fundações. Já a previdência complementar aberta corresponde a um grupo de produtos cuja característica básica é não ter patrocinadora, estando aberta ao público em geral. São produtos oferecidos por bancos e seguradoras, sujeitos a legislação com formatação mais flexível, sendo que muitos deles acabam se aproximando dos fundos de investimento, diferenciando-se, contudo, no aspecto tributário.

Previdência complementar – Lei Complementar nº 109/01

Quadro 12.1

- Marco legal para a previdência complementar fechada e aberta, em substituição à Lei nº 6.435/77.
- Introduz os conceitos de portabilidade*, benefício proporcional diferido* e instituidor*.
- Explicita a existência jurídica dos planos de contribuição definida multiplano e também como singulares ou multipatrocinados.
- Prevê a aplicação de multas e/ou penalidades para os administradores.
- Exige que as reservas financeiras sejam mantidas para atender a 100% dos compromissos assumidos, e não mais a apenas 70%. No caso de déficit, patrocinadores e participantes são chamados a contribuir.
- Nos novos planos, fica proibida a prestação de serviços não previdenciários.

As alternativas da previdência complementar aberta

Tomada a decisão de fazer uma previdência complementar aberta, vêm as seguintes perguntas:

- Qual é o órgão fiscalizador?
- Quais são os verdadeiros produtos de previdência?
- Como escolher entre os diversos produtos oferecidos pelo mercado?
- Como acompanhar e comparar o desempenho dos produtos de previdência?
- Quem são os administradores e como selecioná-los? Quanto cobram?

A Superintendência de Seguros Privados (Susep) é o órgão responsável pelo controle e pela fiscalização dos mercados de seguro, previdência privada aberta, capitalização e resseguro. É uma autarquia vinculada ao Ministério da Fazenda.

Os produtos típicos da previdência complementar são chamados de planos com cobertura por sobrevivência, sendo que o Plano Gerador de Benefício Livre (PGBL) é o mais conhecido e procurado pelo mercado. Os planos são operados pelas Entidades Abertas de Previdência Complementar (EAPC).

Outro produto que é vendido como previdência, mas que de fato é enquadrado como do ramo de seguros, é o Vida Gerador de Benefício Livre (VGBL). Esse produto é bastante semelhante ao PGBL, a diferença é que as contribuições não podem ser abatidas na declaração do IR, mas, em compensação, a tributação incide apenas sobre o rendimento e é cobrada apenas no resgate, como pode ser observado no Quadro 12.2.

Características – Planos com cobertura por sobrevivência

PGBL		VGBL
Plano de previdência privada que permite a acumulação de recursos que são convertidos futuramente em renda mensal.	**Características**	Seguro de vida onde a quantia investida durante um determinado período pode ser resgatada na forma de renda mensal ou pagamento único.
Pessoas que declaram Imposto de Renda no formulário completo.	**Indicação**	Pessoas que declaram Imposto de Renda no formulário simplificado, têm previdência privada e/ou já abatem o limite máximo de 12% da renda bruta.
As contribuições são dedutíveis do imposto de renda até o limite de 12% da renda bruta.	**Tributação na Aplicação**	As contribuições não são dedutíveis do imposto de renda.
Incide Imposto de Renda sobre o valor total da renda mensal, conforme tabela progressiva do Imposto de Renda.	**Tributação no Resgate**	Incide Imposto de Renda apenas sobre os rendimentos financeiros auferidos.
Resgates são possíveis a partir de 60 dias da contribuição inicial.	**Prazo para Resgate**	Resgates são possíveis a partir de 12 meses da contribuição inicial.

Quadro 12.2

Para escolher o produto mais adequado, o interessado deve procurar uma entidade autorizada a oferecer esses planos e se informar sobre todas as características dos produtos oferecidos para ver se eles se enquadram em suas necessidades. É importante refletir bem sobre as alternativas, pois, embora existam planos muito flexíveis, a idéia é fazer contribuições para a previdência complementar a fim de receber benefícios no médio e longo prazos, e não estar focado em resultados ou resgate de curto prazo.

Quanto ao acompanhamento do desempenho dos planos, além dos extratos enviados aos participantes, no caso do PGBL e do VGBL, é possível acompanhar sua performance por meio da evolução das cotas publicadas nos jornais especializados, a exemplo dos fundos de investimentos convencionais.

Em caso de dúvida quanto à entidade operadora/administradora ou aos produtos, o interessado pode consultar o site da Susep. Esse órgão regulador criou o procedimento de apoio ao consumidor dos mercados supervisionados para equacionar divergências ou dúvidas referentes ao cumprimento dos contratos entre o consumidor desses mercados e as pessoas físicas ou jurídicas sob sua esfera de fiscalização, incluindo-se os pleitos enviados por organizações de defesa do consumidor.

Ressalta-se, no entanto, que a Susep não estabelece valores das taxas cobradas pelos administradores dos planos, devendo o potencial contribuinte ficar atento a essa questão, pois existem consideráveis diferenças entre os diversos produtos, que podem também variar pelo tamanho e freqüência da contribuição.

A previdência complementar e o financiamento do investimento de longo prazo

A previdência complementar, além de sua função básica, que é oferecer um complemento ou alternativa à previdência pública, reduzindo as incertezas dos beneficiários e/ou aliviando as pressões sobre as contas públicas, cumpre outro papel econômico relevante, que é o de formar poupança de longo prazo.

Embora boa parte do patrimônio da previdência complementar ainda esteja aplicada em títulos da dívida pública, a perspectiva é de que, com o controle desta e o crescimento das contribuições, ocorra uma diversificação das aplicações, ou seja, títulos e valores mobiliários de emissores que têm novos planos de investimento. Viabiliza-se, assim, uma importante fonte de financiamento do investimento de longo prazo do país, tornando-o menos dependente dos capitais voláteis.

SÍNTESE DA LEGISLAÇÃO

Lei nº 4.131, de 3/9/1962 – Disciplina a aplicação do capital estrangeiro e as remessas de valores para o exterior e dá outras providências. Alterada pela Lei nº 4.390, de 29/8/1964.

Lei nº 4.595, de 31/12/1964 – Dispõe sobre a política e as instituições monetárias, bancárias e creditícias. Cria o Conselho Monetário Nacional e dá outras providências.

Lei nº 4.728/1965 – Disciplina o mercado de capitais e estabelece medidas para seu desenvolvimento.

Lei nº 6.385/1976 – Dispõe sobre o mercado de valores mobiliários e cria a Comissão de Valores Mobiliários. Modificada pelas Leis nºs 9.457/1997, 10.303/2001 e 10.411/2002.

Lei nº 6.404/1976 – Dispõe sobre as sociedades por ações. Modificada pelas Leis nºs 9.457/1997 e 10.303/2001.

Lei nº 9.249/1995 – Altera a legislação do imposto sobre a renda das pessoas jurídicas, bem como da contribuição social sobre o lucro líquido, e dá outras providências.

Lei nº 9.477/1997 – Institui o Fundo de Aposentadoria Programada Individual (Fapi) e o Plano de Incentivo à Aposentadoria Programada Individual e dá outras providências.

Lei nº 10.892/2004 – Altera os artigos 8º e 16 da Lei nº 9.311/1996, que institui a CPMF. Principais destaques: permite a criação da **conta de investimento**, que isenta de cobrança da CPMF na transferência de recursos entre a conta e as diversas modalidades de aplicações financeiras disponíveis no mercado, para um mesmo CPF. A tributação pelo imposto de renda passou a ser semestral com incidência no último dia dos meses de maio e novembro.

Lei nº 11.033/2004 – Alterou a **tributação do mercado financeiro e de capitais** a partir de 1º/1/2005. Os rendimentos dos fundos de investimento e aplicações de renda fixa sujeitam-se a incidência de IR na fonte a alíquotas decrescentes em função do prazo de permanência dos recursos na aplicação.

São as seguintes alíquotas: I – 22,5% em aplicações com prazo de até 180 dias; II – 20% em aplicações com prazo de 181 dias até 360 dias; III – 17,5% em aplicações com prazo de 361 dias até 720 dias; IV – 15% em aplicações com prazo acima de 720 dias. Obs.: Aplica-se a fundos com carteira de títulos de prazo superior a 365 dias.

Lei nº 11.053/2004 – Dispõe sobre a **tributação dos planos de benefícios de caráter previdenciário.** É facultada aos participantes que ingressaram a partir de 1º/1/2005 em planos de benefícios de caráter previdenciário a opção por regime de tributação no qual os valores pagos aos próprios participantes ou aos assistidos, a título de benefícios ou resgates de valores acumulados, sujeitam-se à incidência de imposto de renda decrescente em função do prazo de acumulação.

Lei nº 11.076/2004 – Dispõe sobre a criação de novos ativos destinados ao financiamento do agronegócio: Certificados de Direitos Creditórios do Agronegócio (CDCA), Letras de Crédito do Agronegócio (LCA) e Certificados de Recebíveis do Agronegócio (CRA). Estabelece os valores e os critérios de cobrança, a partir de 3/1/2005, para a taxa de fiscalização (Lei nº 7.940/1989)devida pelos fundos de investimento regulados pela CVM, independentemente dos ativos que componham sua carteira.

Lei nº 11.101/2005 – Regula a recuperação judicial, extrajudicial e a falência do empresário e da sociedade empresária. Traz como mudanças mais significativas o fim da concordata, a criação do mecanismo de recuperação de empresas insolventes extrajudicialmente ou judicialmente e a alteração da prioridade de pagamento de credores.

Lei nº 11.196/2005 – Dentre outras providências, altera o IRPF , isentando do IR o ganho de capital na alienação de ações no valor de até R$ 20.000,00 no mercado de balcão, os rendimentos das pessoas físicas obtidos em cotas de fundos imobiliários com mais de 50 cotistas, e o ganho de capital na venda de imóvel residencial cujos recursos serão utilizados na compra de outro imóvel.

Lei Complementar nº 108/2001 – Dispõe sobre a relação entre a União, os estados, o Distrito Federal e os municípios, suas autarquias, fundações, sociedades de economia mista e outras entidades públicas, suas respectivas entidades fechadas de previdência complementar, e dá outras providências.

Lei Complementar nº 109/2001 – Dispõe sobre o Regime de Previdência Complementar e dá outras providências.

Medida Provisória nº 281/2006 – Reduziu a zero a alíquota do IR incidente sobre rendimentos incidentes produzidos por títulos públicos federais, adquiridos a partir de 16/2/2002, quando pagos, creditados, entregues ou remetidos a beneficiário residente ou domiciliado no exterior, exceto em país que não tribute a renda ou que a tribute à alíquota máxima inferior a 20%.

Resolução CMN nº 1.927/1992 – Dá nova redação ao Regulamento Anexo V à Resolução nº 1.289/1987, que autoriza e disciplina os investimentos de capitais estrangeiros por meio do mecanismo de Depositary Receipts e revoga a Resolução nº 1.848/1991.

Resolução CMN nº 2.763/2000 – Dispõe sobre Certificados de Depósito de Valores Mobiliários (Brazilian Depositary Receipts, BDRs), com lastro em valores mobiliários de emissão de companhias abertas, ou assemelhadas, com sede no exterior.

Resolução CMN nº 2.689/2000 – Dispõe sobre aplicações de investidor não residente nos mercados financeiro e de capitais.

Resolução CMN nº 2.690/2000 – Altera e consolida as normas que disciplinam a constituição, a organização e o funcionamento das bolsas de valores.

Resolução CMN nº 3.034/2002 – Altera e consolida as normas que disciplinam a aplicação dos recursos das reservas, das provisões e dos fundos das sociedades seguradoras, das sociedades de capitalização e das entidades abertas de previdência complementar, bem como a aceitação dos ativos correspondentes como garantidores dos respectivos recursos, na forma da legislação e da regulamentação em vigor.

Resolução CMN nº 3.121/2003 – Altera e consolida as normas que estabelecem as diretrizes pertinentes à aplicação dos recursos dos planos de benefícios das entidades fechadas de previdência complementar.

Resolução Bovespa nº 282-CA – Revoga as Resoluções nºs 251/1997-CA, de 28/4/1997, 275/2001-CA, de 6/8/2001, e 280/2002-CA, de 18/3/2002, e consolida o regulamento que dispõe acerca do registro na Bolsa de Valores de São Paulo (Bovespa) de companhias abertas, clubes de investimento, fundos de investimento do tipo fechado e aberto, certificados de investimento audiovisual e certificados de depósito de valores mobiliários (BDRs) com lastro em valores mobiliários de emissão de companhias abertas, ou assemelhadas, com sede no exterior e de outros valores mobiliários, exceto ações, de emissão de companhia aberta que possua registro para negociação de valores mobiliários em mercado de balcão.

Instrução CVM nº 202, de 6/12/1993 – Dispõe sobre o registro de companhia para negociação de seus valores mobiliários em bolsas de valores ou no mercado de balcão.

Instrução CVM nº 243, de 1º/3/1996 – Disciplina o funcionamento do mercado de balcão organizado.

Instrução CVM nº 273, de 12/3/1998 – Dispõe sobre multa cominatória.

Instrução CVM nº 296/98 – Dispõe sobre o registro de distribuição pública de contratos de investimento coletivo.

Instrução CVM nº 308, de 14/5/1999 – Dispõe sobre o registro e o exercício da atividade de auditoria independente no âmbito do mercado de valores mobiliários e define os deveres e as responsabilidades dos administradores das entidades auditadas no relacionamento com os auditores independentes e revoga as instituições CVM nºs 216, de 29/6/1994, e 275, de 12/3/1998.

Instrução CVM nº 312, de 13/8/1999 – Dispõe sobre a admissão à negociação de valores mobiliários em bolsa de valores.

Instrução CVM nº 332, de 4/4/2000 – Dispõe sobre a emissão e negociação de certificado de depósito de valores mobiliários (BDRs) com lastro em valores mobiliários de emissão de companhias abertas, ou assemelhadas, com sede no exterior e revoga as Instruções CVM nºs 255, de 31/10/1996, e 321, de 10/12/1999.

Instrução CVM nº 358, de 3/1/2002 – Dispõe sobre a divulgação e o uso de informações sobre ato ou fato relevante relativo às companhias abertas, disciplina a divulgação de informações na negociação de valores mobiliários e na aquisição de lote significativo de ações de emissão de companhia aberta e estabelece vedações e condições para a negociação de ações de companhia aberta na pendência de fato relevante não divulgado ao mercado.

Instrução CVM nº 361, de 5/3/2002 – Dispõe sobre o procedimento aplicável às ofertas públicas de aquisição de ações de companhia aberta e o registro das ofertas públicas de aquisição de ações para cancelamento de registro de companhia aberta, por aumento de participação de acionistacontrolador, por alienação de controle de companhia aberta, para aquisição de controle de companhia aberta quando envolver permuta por valores mobiliários, e de permuta por valores mobiliários.

Instrução CVM nº 380, de 23/12/2002 – Estabelece normas e procedimentos a ser observados nas operações realizadas em bolsas e mercados de balcão organizado por meio da rede mundial de computadores e dá outras providências.

Instrução CVM nº 384/2003 – Dispõe sobre a atividade de formador de mercado (*market maker*) para títulos e valores mobiliários, em bolsas de valores e mercado de balcão organizado.

Instrução CVM nº 387/2003 – Estabelece normas e procedimentos a ser observados nas operações realizadas com valores mobiliários, em pregão e em sistemas eletrônicos de negociação e de registro de operações em **bolsas de valores e de bolsas de mercadorias e futuro.**

Instrução CVM nº 390/2003 – Dispõe sobre a negociação, por **companhias abertas**, de ações de sua própria emissão, mediante operações com opções.

Instrução CVM nº 391/2003 – Dispõe sobre o fundo de investimento em participações.

Instrução CVM nº 400 de 29/12/2003 – Estabelece normas e procedimentos para as **ofertas públicas de distribuição de valores mobiliários**, nos mercados primário ou secundário.

Instrução CVM nº 404 de 13/2/2004 – Dispõe sobre o procedimento simplificado de registro e padrões de cláusulas e condições que devem ser adotados nas escrituras de emissão de **debêntures padronizadas**.

Instrução CVM nº 409, de 18/8/2004 – Dispõe sobre a constituição, a administração, o funcionamento e a divulgação de informações dos fundos de investimento. Modificada pelas Instruções CVM nºs 411 e 413/2004.

Instrução CVM nº 414, de 30/12/2004 – Dispõe sobre o registro de companhia aberta para companhias securitizadoras de créditos imobiliários e de oferta pública de distribuição de Certificados de Recebíveis Imobiliários (CRI).

Instrução CVM nº 415, de 22/2/2005 – Acrescenta dispositivos à Instrução CVM nº 209/94 e estabelece e conceitua a categoria "fundo de investimento em empresas emergentes inovadoras", para os fundos de investimento.

Esses serão destinados à aplicação em carteira diversificada de valores mobiliários de emissão de empresas emergentes inovadoras.

INSTRUÇÃO CVM Nº 429, DE 22/3/2006 – Institui o registro automático de ofertas públicas de distribuição de valores mobiliários, em casos específicos.

GLOSSÁRIO

Agente fiduciário – Pessoa natural ou instituição financeira autorizada pelo Banco Central a cuidar dos interesses dos investidores. No caso das debêntures, o agente fiduciário deverá aceitar sua função na própria escritura de emissão.

Alavancagem – Operação que permite assumir grandes posições ou negócios com pouco capital próprio investido. A posição "alavancada" normalmente está associada a um risco maior. Por exemplo, um fundo de investimento é considerado alavancado sempre que existir a possibilidade (diferente de zero) de perda superior ao patrimônio do fundo, desconsiderando-se os casos de inadimplência (*default*) nos ativos do fundo.

Benchmark – Indicador de referência para o acompanhamento do desempenho de um investimento, usualmente aplicado a fundos de investimento.

Benefício proporcional diferido – Característica de um plano de previdência fechada que permite ao beneficiário continuar no plano mesmo tendo se desligado da empresa patrocinadora. Também chamado de *vesting*.

Carência – Período, estabelecido no regulamento de um fundo de investimento, durante o qual o cotista não pode resgatar seus recursos ou não pode resgatá-los com rendimento.

Carteira teórica – Conjunto de ativos (ações por exemplo) que é usado para medir/simular o comportamento de um segmento do mercado financeiro (bolsa de valores, por exemplo).

Cota – Fração ideal representativa do patrimônio do fundo de investimento, objeto de registro escritural em nome do cotista, a qual resulta da divisão do valor do patrimônio líquido pelo número de cotas do fundo, apurados, ambos, no fechamento dos mercados em que o fundo atua, conforme dispuser o regulamento.

Derivativos – Ativos financeiros cujo valor resulta (deriva) do valor de outro ativo financeiro ou mercadoria, podendo ser caracterizados como contratos a termo, contratos futuros, opções de compra e venda, operações de troca de indicadores de referências (*swaps*), entre outros.

Free float – Expressão usada para significar ações em circulação, ou seja, as que se encontram disponíveis para negociação (excluidas as pertencentes aos controladores da companhia e aquelas em tesouraria).

Globalização financeira – Processo de integração física e de procedimentos das principais praças financeiras do mundo. Surge a figura do investidor global, que tem o mundo todo como alternativa de investimento e tenta impor a sua racionalidade.

Governança corporativa – Tradução de *corporate governance*. Existem várias definições para a expressão, no geral convergindo para o sistema de gestão corporativa e representação dos interesses do conjunto dos acionistas. Esse sistema depende da regulamentação, das características estruturais da economia e do mercado financeiro e também da cultura empresarial.

Instituidor – Na previdência complementar, significa a entidade que cria o plano de previdência, mas não faz contribuições em nome dos participantes como fazem as empresas patrocinadoras.

Exemplos: sindicatos, associações profissionais.

Liquidez – Ter liquidez significa que determinado ativo (ações, títulos de dívidas e derivativos) está disponível em boa quantidade no mercado, fora das mãos dos controladores, existindo muitos compradores e vendedores potenciais, facilitando a formação diária de preços.

Lock-up – Período durante o qual vigora uma vedação total ou parcial à negociação das ações por parte dos controladores originais.

Marcação a mercado – Marcar a mercado, ou precificar os títulos a mercado, significa atualizar diariamente o valor dos títulos que compõem uma carteira de investimentos ao preço de negociação.

Mercado de balcão não organizado – Mercado de títulos e valores mobiliários sem local físico definido para a realização das negociações, que são realizadas por telefone entre as instituições participantes, não são supervisionados por entidade auto-reguladora e não têm transparência quanto aos volumes e preços negociados.

Mercado de balcão organizado – Ambiente de negociação passível de acesso por amplo rol de instituições integrantes do sistema de intermediação, administrado por instituições auto-reguladoras, autorizadas e supervisionadas pela CVM, que mantêm sistema de negociação (eletrônicos ou não) e registro de operações, regido por regras adequadas à realização de operações de compra e venda de títulos e valores mobiliários, bem como à divulgação de informações relativas àquelas operações.

Mercado de bolsa – Ambiente de negociação operado por sociedades corretoras, em local físico definido, com sistema de negociação eletrônico ou viva-voz, e regras adequadas à realização de operações de compra e venda de títulos e valores mobiliários, bem como à divulgação das informações relativas àquelas operações.

Minoritário(s) – Acionistas que não participam do bloco controlador de uma companhia. No sentido mais amplo, engloba acionistas detentores de ações ordinárias e preferencialistas. Alguns autores e instituições dos mercados optaram por substituir a expressão acionista minoritário por acionista investidor.

Patrimônio líquido – Relativamente a um fundo de investimento, é a soma do saldo disponível em dinheiro com o montante correspondente aos títulos e valores mobiliários da carteira, mais os valores a receber, menos as exigibilidades.

Política ativa – Quanto aos fundos de investimento, refere-se à utilização de elementos de gestão que buscam superar a rentabilidade de seu *benchmark*.

Política passiva – Quanto aos fundos de investimento, refere-se à utilização de elementos de gestão que buscam acompanhar a rentabilidade de seu *benchmark*.

***Pool* de distribuição** – Conjunto de instituições financeiras contratadas para a distribuição de uma oferta pública.

Portabilidade – Característica de um plano de aposentadoria, permitindo que o participante leve seu patrimônio para outro plano ou entidade/fundo de pensão.

Tag along – Oferta de compra das ações dos acionistas não controladores quando de uma operação de alienação do controle (venda do controle da companhia).

Take over – Mudança no controle acionário de uma companhia.

***Take over* hostil** – *Take over* ocorrido sem o consentimento/concordância da administração, através de compras das ações em bolsa ou outras operações do mercado de capitais.

Usgaap/IAS – Siglas de United States Generally Accepted Accounting Principles e International Accounting Standards, que significam respectivamente normas de contabilidade utilizadas nos EUA e normas internacionais de contabilidade.

Volatilidade – Amplitude das variações de preço de um ativo financeiro. Uma das medidas usadas para mensurar a volatilidade é o desvio-padrão estatístico.

REFERÊNCIAS BIBLIOGRÁFICAS

AMENDOLARA, Leslie. *Guia Prático dos Direitos dos Acionistas Investidores no Mercado de Capitais*. São Paulo: Lazuli Editora, 2002.

CASAGRANDE, Humberto; ROSSI, Maria Cecília; SOUSA, Lucy. *Abertura de Capital de Empresas no Brasil: um enfoque prático*. São Paulo: Atlas, 2000.

Sites de órgãos reguladores e entidades auto-reguladoras

www.bacen.gov.br
www.bmf.com.br
www.bovespa.com.br
www.cvm.gov.br
www.susep.gov.br
www.mpas.gov.br
www.anbid.com.br
www.apimec.com.br
www.ibri.org.br

CTP, Impressão e Acabamento - IBEP Gráfica